地球研叢書

五感／五環

文化が生まれるとき

阿部健一 監修

昭和堂

はじめに

——人は自然から何を象《かたち》づくってきたか

阿部健一（総合地球環境学研究所教授）

人は自然から何を感じるのだろう。

たとえば5月のある日。気持ちのいい天気なので、外で本を読むことにした。まだ冷たさの残る風を肌に感じる。ページをめくるかわりに顔をあげると水田の水面にさざ波がたち、まだ小さな稲に風の動きが拡がっている。風は音も運んでくる。近くに小学校でもあるのか、運動場で遊ぶ子どもたちの歓声がまぢかに聞こえる。

本を置いて、そのまま仰向けに寝ころがる。青い空に雲がまぶしい。草が背中をちくちくつつき、地面からはどこか懐かしいにおいが立ちあがってくる。すべての感覚がのびやかになっている。

このとき、僕は、自然からなにを感じているのだろうか。

雲を横切ってトンビが舞っているのが見える。のんびりしているな、と僕は思う。楽しそうだな、とも思う。と同時に、別のことも思い浮んだ。

あいつは、何を感じているのだろうか。


自然の感じ方は、人と動物とでは違う。

人も動物も、五感を通じて自然を感じるのだが、動物は目的がはっきりしている。

動物は、自然のなかから生き抜くための情報を感じとる。遠くから漂ってくる匂い、あるいはかすかに聞こえてくる物音。それは危害を加えようとしている敵なのか、空腹を満たすことのできる獲物なのか、的確に判断しなければならない。

そのために動物は五感を鋭く研ぎ澄ますよう進化してきた。

たとえば犬。彼らは人の百万倍から一億倍もの嗅覚をもち、人には聞こえない領域の音を聞き分ける。一億倍の嗅覚なんて想像もつかない。最近では人が癌にかかっているのかも「匂い」でわかるという報告すらある。リズム感も人間より優れているらしい。夜中に帰宅しても、ご主人と泥棒の足音を間違うことはない。

犬だけでない。動物の五感の鋭さを示す事例にはことかかない。暗闇のなかを飛びまわりながら昆虫をとらえてゆくコウモリ。大洋からあやまたず故郷の川にもどってくる鮭。彼らのさまざまな感覚は、自然のなかで生き抜くために磨かれてきた。小動物が、臆病なまでに小さな物音にも敏感に反応するのは、常に敵に狙われているからだ。

動物だけでない。植物もそうだ。桜は春になれば、花を咲かし、葉を開く。季節を間違えると大変である。花は実をつけず、葉は枯れてしまう。生死にかかわることだから、自然からの情報を、できるだけ正確に感じ取る必要がある。

人も、生存のために自然からさまざまな情報を得ている。われわれの五感は本来そのためにあったはずだ。

人の五感が動物に比べて鈍いのは、経験を積み重ねてゆくことができたからだろう。経験の積み重ねは知識となる。その知識から技術が生まれる。人は、危険を避けるためにも、衣食住に必要なものを手にいれるためにも、五感よりも知識と技術に頼るようになった。鋭敏な感覚よりも、知識と技術を重視したのが人間である。

知識と技術を磨くためには、自然を理解しなければならない。自然科学はそのための学問分野として誕生した。

近代の自然科学の急速な発展は、より安心で、より効率的な生活を送りたいという欲求にのみ支えられているかのようだ。現代社会は、自然科学の知識と技術に、あまりに多くのことを期待し頼ってきているのでないか。気になるのは、自然を理解しようとする動機が、自然の豊かさをさらに効率よく利用し自分たちの生活の利便性を向上させたい、ということにのみなっていることだ。

自然への理解がさらにすすめば、われわれの五感は不要になるのか。

そんなことはない。人は動物とは違う自然の感じ方をしているからだ。5月のある日に僕が、自分の目で、耳で、鼻で、そして皮膚で、つまり五感を駆使して自然を感じたのは、動物たちのように生き残るためではない。小さな草食動物のようにびくびくもしていなかったし、腹の減った肉食動物のようにがつがつもしていなかった。

それでは、僕は自然から何を感じたのだろう。

僕の感覚は、実のところ、自然のなかから何かを感じようと鋭く研ぎ澄まされていたわけではない。むしろ、自然のなかにいる喜びを十二分に味わうためにゆったりと解放されていたようである。何か感じなければという性急な目的はなかった。そこにあったのは、自然のなかにどっぷりとつかりたいという体と精神のあるがままの欲求である。今自分が自然とともにあることを確かめたい、と思って五感を自然に委ねた。

感覚を自然に委ねたときに生まれるものを「文化」と呼びたい。人が自らをとりまく自然と触れ、何かを感じた時に生まれるものである。

それは違う、と思う人も多いだろう。「文化」というのはさまざまに定義されるきわめてあいまいな言葉だから仕方がない。自然を利用するために、人が経験から生み出してきた知識と技術こそ「文化」だという人もいる。それは、その通りだというしかない。

ただ人が自然を感じたときに生まれたものをことさら「文化」としてとりあげるのは、それがあまりにないがしろにされているように思えるからだ。人は自然を生き抜くための知識と技術を偏重しすぎている。生存のためだけに自然が存在すると思うのは、あまりにさみしい。自然はもっと豊かなものを人に与えている。自然の災害すらも、人の生活を豊かにすることがあるのではないか。厳しい自然を豊かに生きるために必要なのは、知識と技術だけでない。

人と自然の関係を見直さなければならない。そのために文化が誕生する瞬間をあつかうことにした。五感はそれぞれ自然から何を感じ、どのような文化を生み出してきたのか。遠くで瞬く星を眺め、花を手に取って愛で、森のにおいをかぐ。そこから人は物語を編み、絵を描き、遠き記憶を探し求めはじめる。原点に返って、その瞬間について考えてみたい。五感ではなく五環。あえて見慣れない、しかし環境にも通ずる言葉を使ったのは、われわれの感覚とわれわれをとりまく自然との出会いを強調しておきたかったからである。

五感／五環 ── 文化が生まれるとき　目次

第Ⅱ部

聴覚

耳を澄ませば、聞こえてくる音。人の感情、時間や季節の変化、目の前のことだけでなく…… 42

第Ⅲ部

触覚

頬は通り過ぎる風を知り、足の裏は川底の石にくすぐられ、つないだ手は温かい…… 80

第Ⅳ部　味覚

【カバー写真】

表・後袖　ミクロネシア連邦ヤップ島のヤシ葺き屋根の葺き替え（撮影：嶋田奈穂子）

裏　糺の森（撮影：エマニュエル・マレス）

【扉写真】

本扉　カバー表・後袖に同じ

12頁　入笠山に沈む夏の銀河（撮影：大西拓一郎）

42頁　手水鉢（撮影：エマニュエル・マレス）

80頁　北野天満宮の撫牛（撮影：エマニュエル・マレス）

112頁　東ティモールの海辺の焼き魚屋台（撮影：嶋田奈穂子）

142頁　梅の花（撮影：エマニュエル・マレス）

170頁　勝部の火祭（撮影：中野洋平）

【第Ⅰ部】

視覚

人の目でとらえることのできる世界／環境はどこまで広がっているのだろうか。手に取れるものから、宇宙、地中まで、見ることから知的探求が始まる。

第1話

「人はなぜ花を愛でるのか」をめぐって

白幡洋三郎
Yozaburo Shirahata（中部大学人文学部）

花の美しさ
―本能的（生得的）美意識と文化的（後天的）美意識

色鮮やかで華麗な花が咲いているのを見ると、誰もが美しいと感じ、好ましいと思う。……いや、それは本当か？　と植物学者の中尾佐助氏は疑った。

このことについて中尾氏は次のような例を持ち出して、答えは必ずしもそうだとは言えないと述べている。

「日本のヒガンバナは人家付近に多く、華麗な花が咲くが、今まで日本人はそれをむしろ嫌い、庭に植えたりしていない。」［中尾、1986］

日本ではヒガンバナを庭に好んで植える人はまずいない（写真1）。なぜならヒガンバナは、彼岸の頃に墓参りにゆくと咲いていたりして死者につながるイメージがあるからである。そのせいか、少なからぬ日本人にとって不吉な感じを抱かせる。そこで、田んぼの畦などに咲いていることはあっても、わざわざ庭に植えようとはこれまでしなかったのである。

ところが、欧米諸国は日本から球根を輸入し、好んで庭園で栽培したりする。形や色からすればヒガンバナは美しい花だから、先入観がなければ素朴にきれいだと思って躊躇せずに植えることができる。

中尾佐助氏の見方では、欧米人は素直な本能的美意識から抵抗感なく植えているのである。日本では不吉な感じが払拭しきれないため庭に植えたりしない。これは文化的美意識がブレーキとして働いているのである（なお、近年では日本にも素直にヒガンバナを美しいと感じる人が出てきて、庭に植えるのを忌避する気持ちに変化が見られる）。

こうした点で、美意識には本能的（生得的）なものと文化的（後天的）なものがある、と見るのが中尾佐助氏の考えであった。

花と動物（人間）との関係

人が好む美しい花は、おおむね「虫媒花」である。「虫媒花」は、昆虫（や小鳥・小動物など）に花粉を媒介してもらって、それで子孫を増やしている（写真2）。その花が多様な形と色を備えて美しいのは、もっぱら昆虫を引き寄せるための装置として進化した結果だとされている。ならば人は昆虫（小鳥・小動物など）と似た本能（好み・感性）を持っていることになるのだろうか。

花を咲かせる「顕花植物」のうち、マツやスギなどの裸子植物の花は地味で、美しいものではない。大量の花粉を風に乗せて（人に忌み嫌われているスギ花粉など）まき散らすことで受粉は達成できるから、昆虫を引き寄せるための美しい花は作ら（れ）ない。「風媒花」は地味で目立たなくてよいのである。

裸子植物についで、進化した植物、被子植物が登場する。現在の地球上で最も繁栄しているのが顕花植物のうちの被子植物で、人が一般に「花」と呼んでいるものの大部分が被子植物の花である。その花は、たいていおしべやめしべ、花びら、がくなどからできていて、文字通り「美しい花」である（写真3）。目立たない花（イネ科植物の花など）もなくはないが、それらを除けば、被子植物の器

写真１　ヒガンバナ

官である花は「美しい」。すなわち人間の関心を引くと言って間違いない。

被子植物が咲かせる「美しい花」あるいは「花らしい花」にはさまざまな形状、大きさ、色彩が備わっていて、その効果（＝昆虫の目につきやすい色や形）に頼って視覚的に昆虫を誘引していると思われる。この視覚効果による点で、人にはやはり昆虫と同じく「花に惹かれる本能（心情）」があると考えてよいかもしれない。ただし、花は別の誘惑手段も用意していて、それが「香り」と「蜜」である。植物は花全体を動員して動物を引き寄せ、自らに必要な受粉を成功させる。

さて、人は花とどんな関係を結んでいるか。人は花（の色や形）に引き寄せられはするが、受粉の手助けはしない。結果的に受粉の助けになっている場合があっても、花にとって大事なのは昆虫で、人をあてにしてはいない。人は花を美しいと感じ、好ましいと思うが、それは自分のために花を利用できるからではないか。人は花に引き寄せられるのではなく、主体的・能動的に「愛でる」（利用する）のである。このように考えてきて、じつは日高敏隆氏が考えていたのはこのことだったのでは、と思い至った。

花を「愛でる」とはどのようなことか

日高氏は、「人が花を好きであることに誰も異論はないだろう」、と述べたのち、次のような問いを発していた。

「人は部屋には花を飾り、何かの機会には花を贈る。衣装には花。庭には四季の花を植え、景色や道ばたの花に思わず心が和む。

主たる食べ物になることも少ないし、衣服の材料になることもない。道具や家を作るのにも使え

写真２　ハナバチ

写真３　ハイビスカス

ない。そのようないわば無用な花を、人はなぜこんなに好み、愛でるのだろう?」［日高、2007、「はじめに」］

その上で

「異常なほどすぐれた言語と概念と論理の能力を遺伝的（自然的）にもつことになってしまった動物である人間は、花にシンボリックなものを見出し、そこからさまざまな論理を展開して、花を愛でるようになったのかもしれない。」［日高、同前］と述べた。日高氏が言おうとしたのは「花にシンボリックなものを見出し」それを活用することが「花を愛でる」の内容である、ということだったのではないか。悲しいできごとと喜ばしいできごとではそれぞれ飾る花、贈る花に違いをもたせ、違う意味を込めたりする。それは人間社会のなかで見出され育ってきた使い分けであろう。花の愛好といえば、花を栽培し、育てることから病気見舞いや誕生祝い、葬儀や結婚の際に花を飾り、捧げ、贈ることなど（写真4）、さまざまであるが、日高氏のいう「花を愛でる」とは、花の「シンボリック」な役割に注目したものだったのだ。

写真4-1　葬儀会場の祭壇

写真4-2　葬儀の献花

木と花の役割の違い

花のシンボリックな役割について日高氏はこうも言っている。

「昔から人は、山や岩や大木には何らかの超越的な力があると信じてきた。だから世界のどこにおいても、人はこれらの存在をあがめ、その力によって守ってもらおうと思ってきた。その力をやたらに振るってくれないよう祈ってもきた。

けれど人は、花がそのような力を持っているとは思っていない。花に救ってもらうとか、守ってもらおうとか思ったこともなかっただろう。

けれど、なぜだかわからないが、花は自分の気持ちを伝えてくれるような気がしていたのではないか。

つまり、山や岩や大木には感じないものを、人間は花に対して感じてきたのである。人が花を愛でるのはそれ故ではないか。……」〔日高、同前〕

人は木や石を敬い畏れるのに、なぜ花は愛でるのか、という問いだったのだ。


２０１３年の夏、南ドイツの中世都市ディンケルスビュールで30数年ぶりに「門松」に出会った。日曜の朝、教会堂の前を通りかかると、白樺の木が立っている（写真５）。入り口の左右に立てられた２本の若木は日本の門松を思わせる。記憶を振り返るとドイツ北部のある農村の古民家で見て以来である。30数年前の６月、聖霊降臨祭の日だった。その日、この地域で出会うほとんどの自家用車がボンネットの先に、日本のしめ縄と同じく白樺の小枝を取り付けているのを見て、日本の正月

写真５　教会堂入り口に立てられた白樺の若木。門松のように左右に２本

そっくり、と驚いたことを思い出した。

　しばらくしてわかったが、このとき出会った「門松」は、祭礼ではなくこの日この教会堂でおこなわれる結婚式のためだった。式場である教会堂を花で飾るのではなく木で荘厳している。2本の白樺の若木は厳粛な守り神の雰囲気である。若緑の葉をつけた枝に、真っ白な紙垂れが無数にリボンのように結びつけられている。日本の神社にあるご神木のように、人と対等な関係ではなく圧倒的に力を持つ優越者の立場が感じられた。

　私は教会堂に入り、関係者から離れた隅の席に座り、若干の観光客と共に若い2人の門出を祝いかつ見物させてもらうことにした。

　式を終えて、広場に現れた若い新郎新婦が胸に挿すのは花、手に持つのは花束である。式の参列者が床にまき散らす花びら、あるいは会場に飾られて華やかさを演出している花飾りなど、とにかく花は関係者全体の仲を取り持つ平等の媒介者の雰囲気があった（写真6）。弥次馬も含め、教会前の広場に集まった人びとの気持ちを対等・平等につなぎ、なごませる役割を果たしているように見えた。教会前の広場に面して並び建つ木骨建築の古い民家はホテル、土産物店、レストランなどに

写真6　教会堂から出てきた新郎・新婦。花を胸に飾り、手には花束（ブーケ）

なっているが、その窓辺を飾っているのも赤やピンクの花を一杯咲かせているゼラニウムの花鉢である（写真7）。

教会前の白樺の若木に敬意を払いひざまずいても違和感はないが、花のブーケや民家の窓辺の花鉢にひざまずく人はいない。日高氏が「花を愛でる」ことを問題にしたかったのは、ずっと植物（大木、老木）などを「あがめる」ことと違う人間の植物愛好が気にかかっていたからだ。木は神様になったりもしたが、花が神様になったことはなかった。そんなことも含まれていたのだ。

花は上下関係を取り除き、一時的にもせよ人を対等にし、人と人の間を和ませる働きを持つ。人が「花を愛でる」のは花が他者との間をつなぐ、優れた「仲介者」だから、そしてその役割を大いに頼りにしているから、であろう。

写真７　木骨住宅の窓辺を飾る鉢植えのゼラニウム

撮影（写真５～７）：筆者

参考文献

中尾佐助　１９８６『花と木の文化史』岩波新書

日高敏隆・白幡洋三郎編　２００７『人はなぜ花を愛でるのか』八坂書房

第 2 話

地下資源に染まる黄昏色の地球環境

中野孝教
Takanori NAKANO（総合地球環境学研究所）

地球環境色変化

空から地球を眺めてみよう。緑の森に青い海と湖、真っ白な雪をかぶった山々に氷の極地、そして黄褐色の砂漠、地表は色のパラダイスだ。けれども近年の研究によれば、今から45億年ほど前、太陽系の一惑星として誕生した頃の地球は、マグマオーシャンというドロドロの赤い溶岩の海に覆われていた。23億年前や7億年前はスノーボールアースと呼ばれ、凍り付いた白い氷の世界に包まれていた。

色鮮やかな現在の地球環境を作り出したのは、

生物とその活動を支える水と大気だ。生物は進化と共にさまざまな色素を作り出してきた。周囲の環境に合わせて色を変える動植物は数えきれず、真っ暗な夜空や深海に赤や緑の光を放つホタルや魚もいる。水の色も、含まれている成分や生物によって千変万化する。大気も、水蒸気やさまざまな微粒子が光を吸収・反射することによって、時々刻々とその色を変える。地球はガイアという一つの生命体という考えがあるが、ガイアの生きている姿は、その色の多様性に現れているといっても過言ではない。

ところがこの半世紀余り、人間活動の急激な拡大と共に、生物多様性の喪失や水資源の枯渇や劣化、大気の温暖化や汚染が地球規模で進んでいる。その変化は、赤潮や青潮さらに砂漠化など水や土の色にも現れており、ガイアのなかの人間社会の在り方が問われている。この人間活動に染まる地球を地下から眺めると、いったいどんな色に見えるだろう。

地下資源の色

人間はありとあらゆる自然を資源として利用しながら、今日の繁栄を築いてきた。木を燃料に使い、水を灌漑し、動物を家畜化しただけでなく、石油や石炭あるいは銅や鉄といった鉱物資源も古代から利用してきた。20世紀に入ると、大気の窒素も資源に変える技術を開発し、品種改良にバイオテクノロジーを駆使して、70億もの人口を支える巨大な食糧を生産するようになった。鉱物資源も地表から地下へと採掘範囲を広げ、その種類もウランやレアメタル、レアアースと拡大し続けている。それらを巧みに加工し、カラフルな人工物にあふれた快適な現代社会が生まれたというわけだ。ところが、鉱物資源は再生できないという致命的な問題を抱えており、採掘から製品化さらに使用後に出る大量のゴミが地球環境に蓄積している。その結果、ガイアは体調不良を起こし、さまざまな地球環境問題を引き起こしている。では地下にある鉱物資源は、どんな色をしているのだろう。

鉱物資源は、熱エネルギーとして利用する燃料資源と、産業や生活など多様な用途を持つ金属資源に大きく分けられるが、その多くは地下の岩石の中に存在する。20世紀中頃まで燃料資源の主役であった石炭は黒い炭素の化石で、当時の石炭産業に莫大な利益をもたらしたことから黒ダイヤと呼ばれた。いっぽう石油の材料である原油も、大半は黒色である。原子力エネルギーを生み出すウランも、その多くはピッチブレンドと呼ばれる黒色から暗褐色の鉱石を原料にしている。

金属資源のなかでも、鉄、銅、亜鉛、鉛などは

写真３　秋田県旧阿仁鉱山の孔雀石　秋田大学鉱業博物館蔵

銅の硫化物が地表付近で水と反応して生じた炭酸水酸化銅で、孔雀の羽のように美しい緑青色を示す。

写真１　秋田県旧小坂鉱山の黒鉱　秋田大学鉱業博物館蔵

黒鉱は亜鉛と鉛に富み金や銀も含む日本の代表的な鉱石で、色が黒いことからその名がついた。

写真４　秋田県旧川原毛鉱山の硫黄鉱石　秋田大学鉱業博物館蔵

硫黄は原油の脱硫によって回収できるようになったため、硫黄鉱山は廃山になった。

写真２　岩手県旧仙人鉱山の磁鉄鉱鉱石　秋田大学鉱業博物館蔵

仙人峠は東日本大震災を受けた釜石市の西にあり、1857 年、地下にある膨大な磁鉄鉱鉱石から、日本で初めて鉄鋼が製造された。

さまざまな産業を支える基幹金属として大量に採掘・消費されてきた。これら金属は硫黄と結合した硫化鉱物として産する。黄鉄鉱や黄銅鉱などはその名の通り黄色い鉱物で、黄銅鉱は金に比べると輝きは劣るものの黄金色を示す。これに対して、亜鉛は閃亜鉛鉱、鉛は方鉛鉱として産するが、これら金属の鉱石は黒色から灰色である。金属資源のなかで、採掘量も使用量も飛びぬけて高いのが鉄である。黄鉄鉱は多くの岩石に含まれている鉄の硫化鉱物であるが、鉄鉱石は主に酸素と結合した黒色の磁鉄鉱で構成される。金は銀の合金として産することが多く、肉眼でも顕微鏡下でも黄金色に輝いているが、一般にその数倍以上の銀鉱物を伴う。輝銀鉱は主要な銀鉱物であるが、黒色であるため金や銀を含む鉱石も一般に黒い。

このように燃料資源も金属資源も黒色から灰色が中心であり、それに黄色味の強い鉱物を伴うことから、地下資源を一つの色で表せば、黄色味がかった暗色となる。

ガイアの色多様性問題

ピッチブレンドは、酸素のない還元的な水環境でバクテリアなどの働きによって生まれたと考えられている。南アフリカは世界の金の半分近くを産出してきたが、この金鉱床ができた時代はウラン資源と同じ31～29億年前である。鉄鉱石の大半（縞状鉄鉱石という）は、海に溶けていた鉄が藻類の光合成によって発生する酸素と結合してできたもので、その時代は25～19億年前に集中する。石炭は陸上植物を、石油は海洋生物を材料とし、それらが地下で分解して生じたものである。石炭は裸子植物が繁茂した石炭紀の地層に、石油はそれから2億年余りを経た白亜紀の地層に膨大な量が存在する。このように主要な地下資源は、ある地質時代に起こった水環境や生物相の大きな変化に伴われて生じたという特徴が見られる。ガイアが成長する過程で、血液に相当する水と体内細胞ともいえる生物の働きのなかで生まれた貴重な体内

写真５　岩手県旧松尾硫黄鉱山下流の赤川

東洋一の硫黄鉱山であった旧松尾鉱山を源流とする赤川は鉄を含む酸性河川で、河床のレキは赤い鉄水酸化物におおわれている。

物質、それが地下資源ということもできるだろう。

ところでウラン鉱石は本来暗色だが、地表近くで酸化されてできたウラン鉱物は黄色から緑色を示すものが多い。ウランを濃縮した燃料は黄色いケーキと呼ばれ、ボヘミアガラスにはウランが黄色の着色剤として使われた。金属資源も、地表付近では水や生物の働きを強く受ける。たとえば、孔雀石という銅鉱物は地表付近に分布し、緑青と同じ化学組成を示す。目につきやすいこともあって、古代より装飾や顔料だけでなく銅鉱石としても利用された。赤味のある金属鉱物には水銀やヒ素の硫化物があり、顔料などに利用されてきたが、水銀やヒ素の鉱石も地表付近の熱水活動で生じたものが多い。最も多い赤色の鉱物は鉄の酸化物や水酸化物で、多くの岩石に含まれている黄鉄鉱や磁鉄鉱の風化によって生ずる。このように地表付近では、金属資源の色はより多様に見える。しかし、人間に身近で良質なこれら地表の鉱物資源は量も少なく、そのほとんどが採掘されている。生物でいえば絶滅あるいは絶滅危惧種である。水や生物の働きを借りて生まれた鉱物資源の色は、生物と同様、その多様性が急激に失われている。

黄昏色の地球環境

ダイナマイトは地下資源の採掘に画期的な役割を果たし、産業革命を強力に推進し、その後の人間社会の爆発的な発展をもたらした。しかしその結果、良質な地下資源は減少し、より質の低い資源が対象になり、採掘や製錬、製品化に伴う廃棄物の環境負荷が増大し続けている。化石燃料資源を燃やせば、大半は無色の二酸化炭素ガスとなって大気を暖め、海を酸性化する。ウラン資源を使えば、行き場のない放射性ゴミとなる。有害な重金属が地表付近に蓄積すれば、食や健康のリスクが増えるばかりだ。黒色の石炭・石油に鉄や鉛、黄色いウランに銅や金、地下資源を現在のような形で利用し続ければ、黄色味がかった暗い日没へと人間社会は向かってしまう。地球環境を黄昏色に染めているこの地下資源の大量消費に、どう対処したらよいだろう。

人間は、黒を基調に黄色いアクセントがついた地下資源という服装で、過酷な自然に適応してきた。しかし厚着も過ぎれば、暑苦しく活動しにくい。太陽エネルギーを利用した光パネルに風や波など、薄くて軽く、通気性にも優れたエコ服のレパートリーも増えている。温暖化が進む現在、再生エネルギー資源という新しい服に着替えよう。古くなった服もネクタイも、手を加え、組み合わせを変えればよみがえる。金属のアクセサリーはリユース・リサイクルし、雨にも有害物質にも強く断熱効果もある服装に変えれば、快適に過ごしていけるだろう。変わりゆく地球環境に適合し、地域にあった多様な服のコーディネートがなによりも大切だ。

ガイアは数10億年後、巨大化する太陽に飲み込まれその一生を終えるけれども、水と生物が存在する限り人間社会を持続させたいものだ。生物多様性が人間の未来に大切なように、水や生物からできた地下資源についても、その多様性問題を色から考えてはどうだろう。ダイナマイトから生まれたノーベル賞にも匹敵する、地下資源と地球環境が共存する色研究が必要になってきた。黄昏にはまだ時間がある。

第3話

暮らしのなかの星

星の民俗学

北尾浩一
Koichi KITAO（星の伝承研究室・中之島科学研究所）

星空に暮らしを描く

星空は、自分たちの暮らしと全く別のものではなかった。星空にも、自分たちと同じような暮らしを描いた。

1993年8月、岩手県大船渡市赤崎町を訪れた。昭和5年（1930）生まれの漁師さんは、モッコボシについて記憶をたどりはじめた。

「モッコというのはね、ちょうどここにこうあってね。まずこんなにね。こうなっちゃったべかね」

写真1　モッコボシ　撮影：湯村宣和

アルデバランとヒアデス星団の星ぼしをいっしょにV字形に結んで、運搬に使う背負いモッコをイメージした。

写真2　背負いモッコ

運搬に使用した背負いモッコ。星空にも、自分たちと同じような暮らしを描いた。もちろん背負いモッコも描いた。

「どうしてモッコというかと言うと、この辺にね、あのしょいものつくったわけ。そして、こうちょうどこう…、何してこうしよって歩くものあったんだものねえ。その格好していたからモッコと言ったもんだものね」

アルデバランとヒアデス星団の星ぼしをいっしょにV字形に結んで、運搬に使う背負いモッコを星空に描いた（写真1・写真2）。

モッコボシを、次のようにイカ釣りに役立てていた。

「あー、あー、モッコボシが出たってね、そう言ったんだな。あのとき、あのスルメがいっぱい釣れたんだなーと。で、何時頃だから、あしたもそのあたりまで待ってみるかーと言ったもんだが……」

モッコボシを教えてくれたのは、もちろん学校ではなかった。年上から年下へと伝承された。昭和5年生まれの漁師さんにモッコボシを教えたのは、明治39年（1906）生まれの父親だった。隣で、「そうそう」と言いながら、自分が教えたとおり語るのを安心しきって見守っていた。

同じ星に描かれた名前の多様性

モッコボシは、おうし座の牡牛の顔にあたる。ギリシア神話に登場する、エウローペを乗せて地中海の東岸テュロスからクレータ島まで突っ走った牡牛である。この牡牛の顔に、次のようなさまざまな暮らしのヒトコマを描いた。

●ツリガネボシ（釣鐘星）

自分たちの故郷の寺の釣鐘も星空にイメージした。2001年11月、千葉県安房郡鋸南町勝山で大正8年（1919）生まれの漁師さんから聞いた話である。

「うすかったけどね。ツリガネ、ツリガネって言った星もあったのですよ。うすかったけど、ちょうど、こうなって、こうなって、ツリガネのようになるでしょ」

「ツリガネというのはね、ここに一個あるでしょ。一個あるとね、こうなってね、こういうふうに見えるのですよ。こういうふうに」

「ここに一個あるでしょ」というのは、おうし座のアルデバランのこと。

　昔は、東京湾に満天の星がひろがっていた。星空に心やすまる光景を描く。耳をすますと、星空から釣鐘の音が聞こえてきたのかもしれない。

●ヤマデ

イカ釣りの道具「ヤマデ」を描いた。1980年5月に青森県北津軽郡小泊村下前で漁師さんから聞いた思い出の和名だ。

●サシダモ

鳥取県東伯郡泊村（現 湯梨浜町）で出会った漁師さんは、「サシダモのような格好になってる……」と、語りはじめた。サシダモというイカナゴやイワシをとる網を描いた（写真3）。

星はスバル……だけではない

スバルという星名は、約1000年前に『枕草子』に「星はすばる……」と登場し、今ではハワイの「すばる望遠鏡」の名前にもなっている。西洋名「プレアデス星団」を聞いたことがない人は多いかもしれないが、「スバル」という言葉を一度も聞いたことがない、という人は少ないと思う。

　ところが、瀬戸内海の水軍の『能嶋家傳』には、次のように「スバル」ではなく、「スマル」という星名が記録されている。

「星すまると云星を見る也。月の出入に日和易

写真3　サシダモ
イカナゴやイワシをとる網「サシダモ」も、星空に描いた。星空では、漁師さんが今晩も漁をしている。

らねどもすまるの入に替るは日和損する也。殊に秋冬はすまるの入を専に見る也。余の星は日和見る事無之」

「スマル」は、兵庫県より西では「スバル」よりも広く分布している。そして、漁具スマルの形との関連性についても伝えられている（写真4）。

また、プレアデス星団と食生活のさまざまな場面を重ね合わせた。

スイノウボシ（うどんを揚げるのに用いるスイノウ）、ミソコシボシ（味噌漉し）、ブドーノホシサン（一房の葡萄）等

その他、暮らしのさまざまな場面を描いた。

写真4　漁具スマル

タコツボなどをひっかける漁具「スマル」も、星空に描いた。星のスマルが漁具の名前になったと伝承されているケースと、逆に漁具スマルが星の名前になったと伝承されているケースがある。

カンザシボシ、ハゴイタボシ、六地蔵さん、ススキボシ等。

星は、「食べる（食生活）」「身につける（衣生活）」「住む（住生活）」「遊ぶ」「祈る（信仰）」「生産する（つくる、とる）（農業・漁業・製糸および機織り・山樵・狩猟等の生業）」などの暮らしのさまざまな場面としっかりと結びついていた。広く分布する酒桝星は、オリオン座三つ星と小三つ星とη（イータ）星のつくる配列と酒桝を重ね合わせた。唐鋤《からすき》星は、オリオン座三つ星と小三つ星を農具「唐鋤」と重ね合わせた。

水平線から姿を現す星ぼし
――他の自然環境との連続

海と陸の接点は海岸であり、海と空との接点は水平線である。夜になると、海と星空との接点が水平線となり、水平線で、島々、対岸の山々が星空をバックにシルエットとなる。そして、海から、

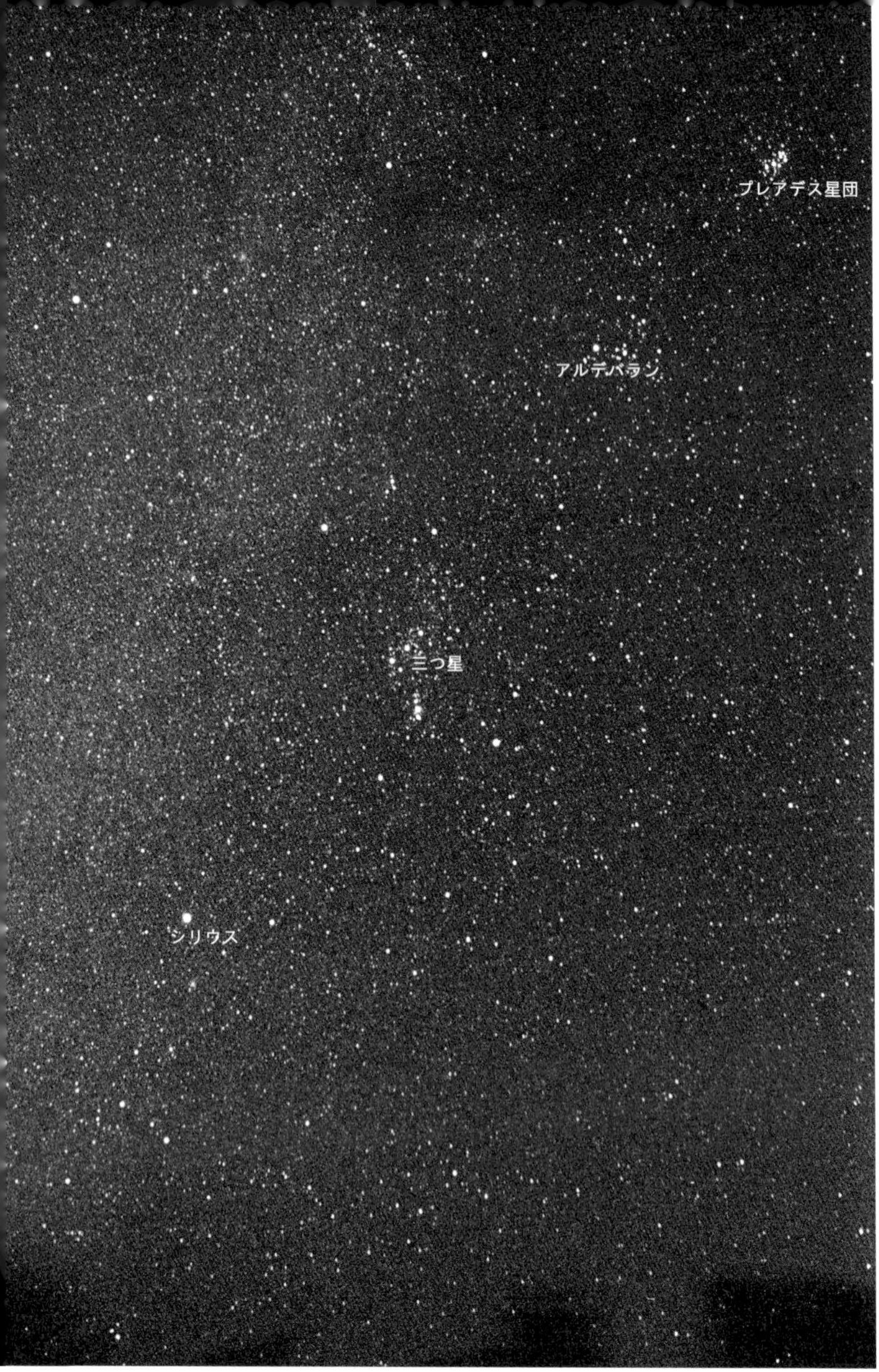

写真５　イカ釣りの目標にした星ぼし　撮影：湯村宣和

プレアデス星団、アルデバラン、オリオン座三つ星、シリウス……と、順に登場する星ぼしをイカ釣りの目標にした。

島々、対岸の山々から、星ぼしが生まれるようにその姿を現す。星は、海、陸、島、山とまったく別のもの、かけ離れたものではなく、連続したものであった。

水平線から登場した星ぼしは、高度を上げていく。プレアデス星団、アルデバラン、オリオン座三つ星、シリウスと、順に登場したのを見てイカ釣りの目標にしたケースがあった。オリオン座三つ星のとき釣れなかったから、その次のシリウスを待つというように……。

1979年4月、北海道積丹郡積丹町美国で出会った明治41年生まれの漁師さんから聞いた話である。

「何でもかんでも、わしゃたいてい試してみた。アカボシちゅうアカメシタ星があがるの。それからサンコウだな。アカボシからサンコウだな。サンコウと言って、同じ間隔の星が三つあがるの。それからやっぱり2時間か2時間ちょっとあまりあとに、アオボシという星があがるの。数ある星のなかでアオメシテひかるの。その星がいちばんつく。その星とアカボシがつくの。どっちの星もつくけど、アオボシちゅうのがいちばんつく。完全につくだ。そのかわりずっと時間がおそいのよ」

アカボシ（赤星）は、おうし座アルデバラン、サンコウ（三光）は、オリオン座三つ星、アオボシ（青星）は、おおいぬ座シリウスのこと（写真5）。

そして、暮らしの風景が星名に……

アルデバラン、オリオン座三つ星、シリウスのように高度を上げていかない星があった。カノープスである。カノープスは、見るのが困難にもかかわらず、多様で豊かな星名が形成された（図1）。

●紀州のみかん星

1984年10月、神戸市深江で、明治39年生まれの漁師さんから聞いた話である。

「紀州の方、和歌山の方、まあ大きい星出まんのや。キシュウノミカンボシ言う。3時頃にようでよった。キシュウノミカンボシ出たら間《ま》ないわ。

夜明けてくる」

深江の南に相当する地名「紀州」とともに、その地域の産物「みかん」が反映されたキシュウノミカンボシという名前が形成された。「みかん」の実る時季から見えはじめ、この星によってまもなく夜明けと判断したと伝承されている。

●伊予の横着星

1988年11月、広島県福山市鞆町で明治33年生まれの漁師さんから聞いた話である。

「イヨノオーチャクボシ、四国のな、沖にな、夜明けにちょっと出るんですよ。そのしこなし（ふるまい）がオーチャクボシ。ここらのものがつけとるのです」

図1　カノープスの和名

見ることが困難にもかかわらず、多様で豊かな名前が形成された。

福山市鞆町の南に相当する地名「伊予」とともに、水平線から高くのぼることは決してなく限られた時間しか存在しないという動きの性格「横着」が反映されたイヨノオーチャクボシという名前が生まれた。

星を見ようと思わなくても……

忘れてはならないのは、星を見ようと思って星を見るのではなかったということ。星を見ることが目的ではなかったということ。星を見ようと思わなくても、星を見ていたということ。

今、何時頃かなと、知りたくなったら、時計を見るのではなく、空を見上げた。そして、あの星が、たとえば、スバルが、あの木の上くらいに輝

写真６　スバルがあの木の上に輝いているから……　撮影：湯村宜和

星と木々で作る景観から、時刻を知った。星を見ようと思わなくても時計を見るように星を見た。

いているから、あと2時間で夜が明ける――と感じた。スバル、スマル、ハゴイタボシ、ミソコシボシ等、それぞれの暮らしから生まれた言葉で……（写真６）。

すなわち、時刻を知るということが、デジタルの数字で表示された時計を見ることではなく、星と木々で作る景観を感じるということだった。デジタルの数字に頼って時刻を知ることによって、失ってしまった力……人間にとって、真に発達になったのだろうか。今、立ち止まって考える。

そして、星も、山や海と同様、日常的な景観であり、生活及び生業と密着した自然環境の一つであり続けてほしい、と願う。

参考文献

内田武志　１９７３『星の方言と民俗』岩崎美術社

北尾浩一　２００６『天文民俗学序説』学術出版会

野尻抱影　１９７３『日本星名辞典』東京堂出版

撮影（写真２～４）：筆者

コラム

シリウスとスバル

暦の基準とされた2つの星

中牧弘允 Hirochika NAKAMAKI（吹田市立博物館）

2012年5月21日早朝、京都大学農学部のグラウンドで金環《きんかん》日食を見た。小中学生をはじめ京都市民が8千人もおしよせていた。前日に京都大学総合博物館で「京大日食展―コロナ百万度を超えて」を見学したので、ついでに金環日食の観察会にも参加したという次第である。観察会の後、京大講堂の講演会を聴講したところ、喜多郎の笛の演奏もあれば、彼のシンセサイザー「古事記」をBGMとするプレゼンや、京大花山天文台長の柴田一成先生と喜多郎とのトークショーもあり、天文ファンならずとも大いに天体に関心を呼びよせる企画が続いた。

「日食展」では天岩戸《あまのいわと》神話を皆既《かいき》日食になぞらえた展示もあり、興味をそそられた。また、渾天儀《こんてんぎ》（星の位置を計測する機械）や圭表（日時計）のレプリカも陳列され、江戸の天文学に想いを馳せることができた。このレプリカは同年秋に封切られた映画「天地明察」のために作成され、「日食展」ではじめて公開されたものである。「天地明察」は渋川春海《しぶかわはるみ》（1639〜1715年）がつくった日本初の暦である大和暦（貞享暦）をとりあげた冲方丁《うぶかたとう》の同名の小説を映画化したものである。

ところで、暦は太陰暦、太陽暦、太陰太陽暦に大別される。このほか雪形や雨季・乾季などの自然暦もあるが、天文との関係で注目されるのは星の暦である。

たとえば、古代エジプトの暦は恒星シリウスの動きに注目してつくられた。シリウスは最も明るい恒星であるが、当時は夏至の時期に太陽と同じ東の空に日の出の直前に出現していた。その日が新年とされ、シリウスの1年は365日であった。たまたまその時期はナイル川の氾濫するときでもあった。そのシリウス周期が1太陽年より約4分の1日短いことを天文学者は知っていたが、神官が修正を拒否していた。ようやく紀元前238年、プトレマイオス3世が4年に1度、余分の1日を加えるという閏《うるう》年を定めた。これも神官の受け入れるところとはならなかった。だが、クレオパトラとユリウス・カエサル（シーザー）との出会いによって生まれたローマのユリウス暦を経由して、カトリックのグレゴリオ暦に継承された。とすれば、西暦誕生の主役はユリウス、隠れた功労者はシリウスだったということになる。

　他方、南半球の南米では、多くの民族の間で、スバル（プレアデス星団）が雨季と乾季の推移と結び付けられている。ブラジル・アマゾンの南緯10度あたりに住む民族タピラペの間では、スバルが西の地平線に隠れるのが雨季の終わりである。それは5月にあたり、1年で最大のお祭りが行われる時期である。6月にはスバルがふたたび見えるようになるが、この間、喉の渇いた人が水を飲みに来る井戸の底に身を隠すと考えられている。スバルについて南米の諸民族にはさまざまな伝承（神話）が伝わっているが、高名な文化人類学者のレヴィ＝ストロースは、スバルを中心とする天文学的コード（基準神話）と変奏の比喩を使って解読しようとした。その手際は、まったく無関係に見えるもののなかに関係を見出す名人芸と称されている。

　シリウスとスバル──両者は無関係のように見えて、実は北半球のナイル川流域と南半球のアマゾン川流域の暦法のちがいに深い影を落としているのかもしれない。名人芸が待たれるところである。

写真1　京大日食展で展示された渾天儀を説明する展示発案者と製作者

写真2　2012年5月21日、京都大学農学部グラウンドで行われた金環日食の観測会

コラム

沙漠を緑に？
変貌する石炭の町・烏海《うかい》

窪田順平 Jumpei KUBOTA（総合地球環境学研究所）

石炭の町・烏海

２０１２年３月に、中国内蒙古自治区の烏海市をはじめて訪れた。烏海市は、黄土高原の西側を北流する黄河のほとりにあり、東はオルドス（鄂尔多斯）市、南は寧夏回族自治区となる。オルドス市と同様石炭の産地で、住民の大半は１９７０年以降、鉱山開発とともに発展する街にやってきた移民とその子どもたちだ。

　烏海市を訪れることになったのは、２０１１年にオルドス市と、さらにその東隣の陝西省神木《しんぼく》県で、大規模な鉱山採掘現場を目の当たりにし、その環境への影響や、毛烏素《もうす》砂漠など周辺の状態を知りたいと思ったことがはじまりである。神木県での調査を企図したが、カウンターパートの顔が利く烏海市となった。彼によれば、烏海市では鉱山跡地だけでなく、広範な緑化事業を行っており、その評価もしてほしいという。

黄河に建設中の「沙漠化防止ダム」

　烏海に到着後、まず黄河の西岸の烏蘭《ウラン》布和《ブホ》沙漠で進む緑化事業の視察をすることになった。黄河にかかる橋を渡りはじめると、その横でダム建設が行われている。このダムは１９５０年代に計画がはじめられたが、財政事情でいったん凍結となった。２００１年に計画が復活、２００９年に着工され、２０１３年には貯水がはじまるという。

　黄河が北流する甘粛省の蘭州から、寧夏回族自治区の銀川を経て内蒙古の呼和浩特に至る区間、つまり烏海市の周辺では、春先に融けた氷が河をせき止め、それが原因となって洪水が起きる。当初ダムはこれを防ぐことと発電が目的であった。２００１年に計画が復活すると、それに加えて、この地域の「生態建設」、つまり緑化が大きな目的となった。しかし、黄河下流域では１９９０年代に断流に悩まされ、その原因は工業や都市用水などの増加による水需要の逼迫に加え、黄土高原を中心に進む緑化による水消費の増大であると理解する私にとって、黄河に新たなダムが作られ、緑化を目的に水資源開発が進む状況に大変驚いた。

写真１　緑化された毛烏素沙漠（陝西省神木県）

鳥海周辺に比べると地下水位が高く、土地利用を制限すれば比較的容易に緑化ができる。

写真２　黄河に建設中の沙漠化防止ダム

写真３　烏蘭布和沙漠の緑化現場
地下水を汲み上げて、点滴灌漑により緑化を行う。

沙漠を緑に？

烏海市は、もともとは沙漠で人の住まない場所に、鉱山開発のために建設された。市街地の西側に広がる烏蘭布和沙漠は、見渡す限り流動砂丘が連なっている。西風が強く乾燥する春先にはたびたび砂塵嵐に襲われ、市民にとってこれを防ぐことは長年の夢であった。

ダムの建設にも驚いたが、烏蘭布和沙漠の緑化現場でさらに驚いた。ダムができると周囲の地下水位が上昇するので、それによって沙漠の緑化が可能になるとの説明であったが、現場はそれ以上である。大型の重機で沙漠にトレンチを掘ってパイプを埋め、地下水を動力ポンプで揚水して水を供給する。パイプから広大な面積に張り巡らされた点滴灌漑用ホースからほぼ連続して苗木に給水され、緑化が行われている。街の東側に広がる岩山では、山裾の堆積物の斜面だけでなく、岩盤状態の山腹にまで点滴灌漑用のホー

写真４　黄河から100メートルほど高い位置に作られた貯水用のダム

ここまで動力ポンプで揚水し周囲の山肌全面に張り巡らされた点滴灌漑用のパイプに水を供給する。

スが張り巡らされ、緑化が行われている。沙漠緑化は、人為によって失われた植生を回復させる防御的なもので、沙漠に植生をつくり出すことではなかった。たとえば中国では、格子状のワラの低い柵をつくり、砂を固定して植生の導入はかる「草方格」が有名で、多大な労力を要するとしても、ローテクで環境負荷の小さな工法だった。点滴灌漑の技術の進歩とその普及は、極論すればどこでも緑化が可能となり、積極的に沙漠を緑に変える攻撃的なものになった。

何が「望ましい」環境なのか

緑化によって環境が改善し、市民は大変喜んでいるという。それはそうだろう。下流への水量に影響はないのかと聞いたが、割当て量を越えてはいないという。上流の青銅峡灌区や下流の河套《かとう》灌区の農地面積に比べれば緑化面積は小さく、水消費は問題ないのかもしれない。かつて、乾燥地緑化はコスト面のみならず、技術的な困難さが存在したが、それは解決されてしまい、逆にどこまで緑化するのかは、人間の意志、価値観の問題となった。急成長する中国経済を背景に、地方への投資としてコストに配慮せずに行ったこの緑化事業が、持続的であるとは言いにくい。効率的にはなったが確実に水は消費され、コストは高く、何よりも水の確保・運搬に多大なエネルギーが消費される。しかし、省みればわれわれが住む近代的な巨大な都市も、実は同じものなのかもしれない。

撮影（すべて）：筆者

【第Ⅱ部】

聴覚

耳を澄ませば、聞こえてくる音。人の感情、時間や季節の変化、目の前のことだけでなくおどろくほど多くのことを人は音によって感じ取る。

第1話

「いろり」の方言分布と火

大西拓一郎
Takuichiro ONISHI（国立国語研究所）

「いろり」とその役割

熱源としての火を扱うことが料理という行動につながり、それがヒトの進化を促進したという説がある［ランガム、2010］。現代の生活ではライターやガスコンロで簡単に火を手に入れることができる。しかし、そんな便利なものがなかった時代には、火を得ることは容易なことではなかった。そこで、いったん着けた火は消えないように家屋のなかで大事にとっておき、人類を進化させたという料理に使ったり、暖をとったり、明かりにしたり、濡れたものを乾燥させたりするのに用いることになる。

かつて「いろり」と呼ばれる場所・道具が、民家にそなわっているのは普通のことであった（ただし、東海、瀬戸内、九州北部には少ないというような地域的片寄りはあったかもしれない）。いろりは、大切な火を保管する場所でもあることから信仰にも関わってきた［宮本、2007］。そのような「いろり」には「囲炉裏」という漢字が当てられることが多いが、どうもこれは後世の当て字らしい。いろりにはさまざまな方言形があるが、それらを検討していくと、もともと「炉」という漢字とは無関係なことばだったことがわかる。

イリとエンナカ

日本では多くの方言地図集が編集されてきたが、そのなかでいろりの方言分布を扱う方言地図集は20冊余りある。座名（いろりの周りの座る位置の名称）など関連項目まで含めるとさらに多くの方言地図が描かれているので、よく取り上げられてきた対象である。一方、いろりそのものを指す語形の方言分布を扱った研究論文は少なく、２００６年に亡くなった川本栄一郎先生による論文が唯一のものである［川本、１９９１］。そこでは、川本先生が長年にわたり調査・研究された北陸地方におけるいろりの方言分布が明らかにされている。

写真１　五箇山地方、相倉集落のいろり

庄川は富山県西部を南から北に向かって流れている。利賀川を支流とする上流部は世界遺産の合掌造り集落で有名な白川郷や五箇山にあたり、散居村を特徴とする砺波平野を経て日本海に至る。川の流れに沿って自然環境や社会景観の変化が明瞭である。それにあわせるかのようにことばも移り変わることもあって、方言研究が盛んに進められてきた地域である。そのような庄川流域の方言の分布を２００８年から２０１２年に富山大学人文学部の中井精一先生たちと共同で調査した。図１はそのなかで得られたいろりの方言の分布図である。この図と川本先生が解明された分布を照合するとよく一致する。すなわち、庄川の上流・中流部にはイリ・イレの類が広く使われ、また支流である利賀川流域にユルイ類が見られ、庄川下流部の富山湾沿岸にはエンナカ類が分布している。ちなみに庄川流域では、いろりがまだところどころで実用されている。写真１は五箇山の相倉集落

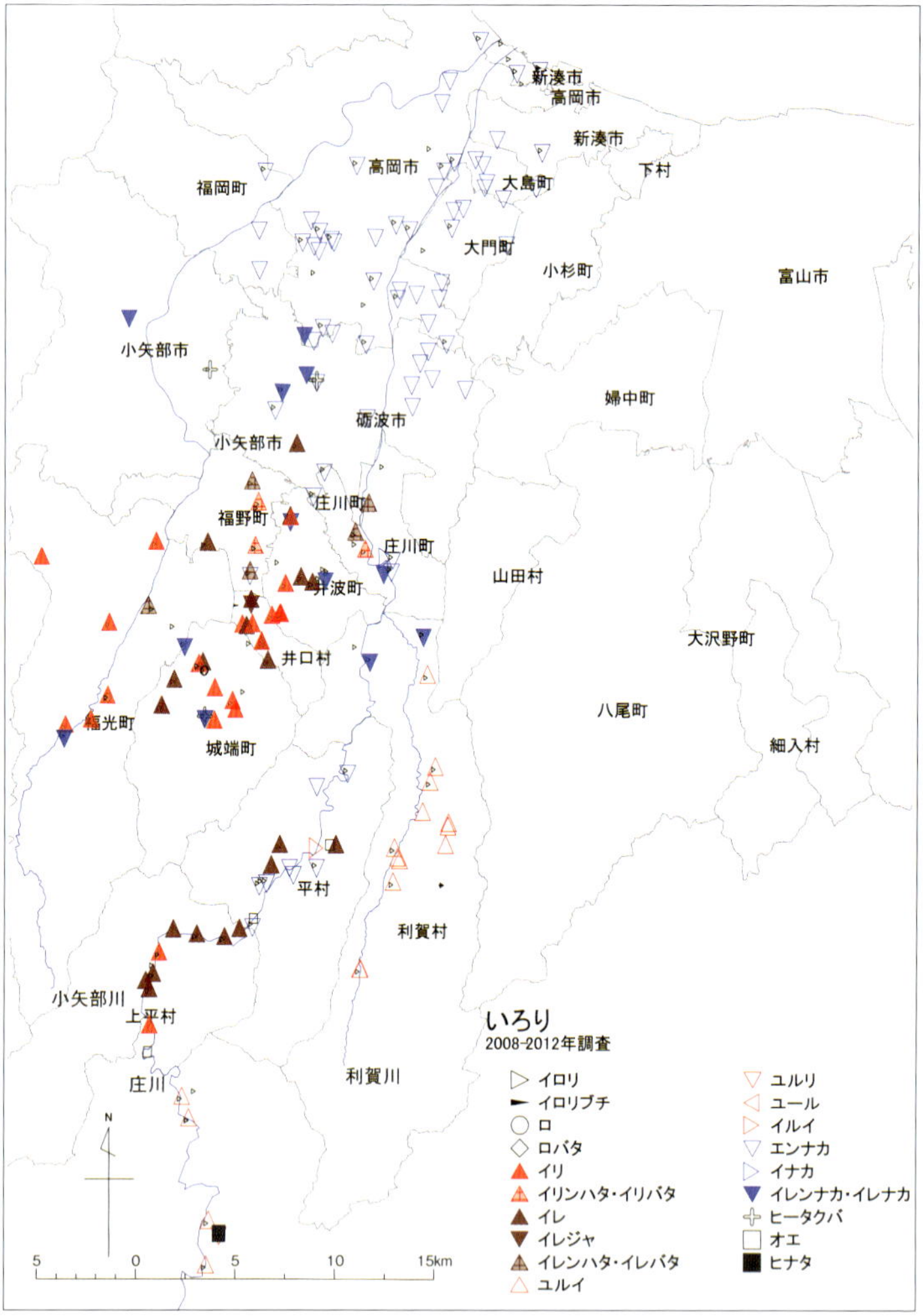

図1　庄川流域の「いろり」の方言分布（2008 ~ 2012 年調査）

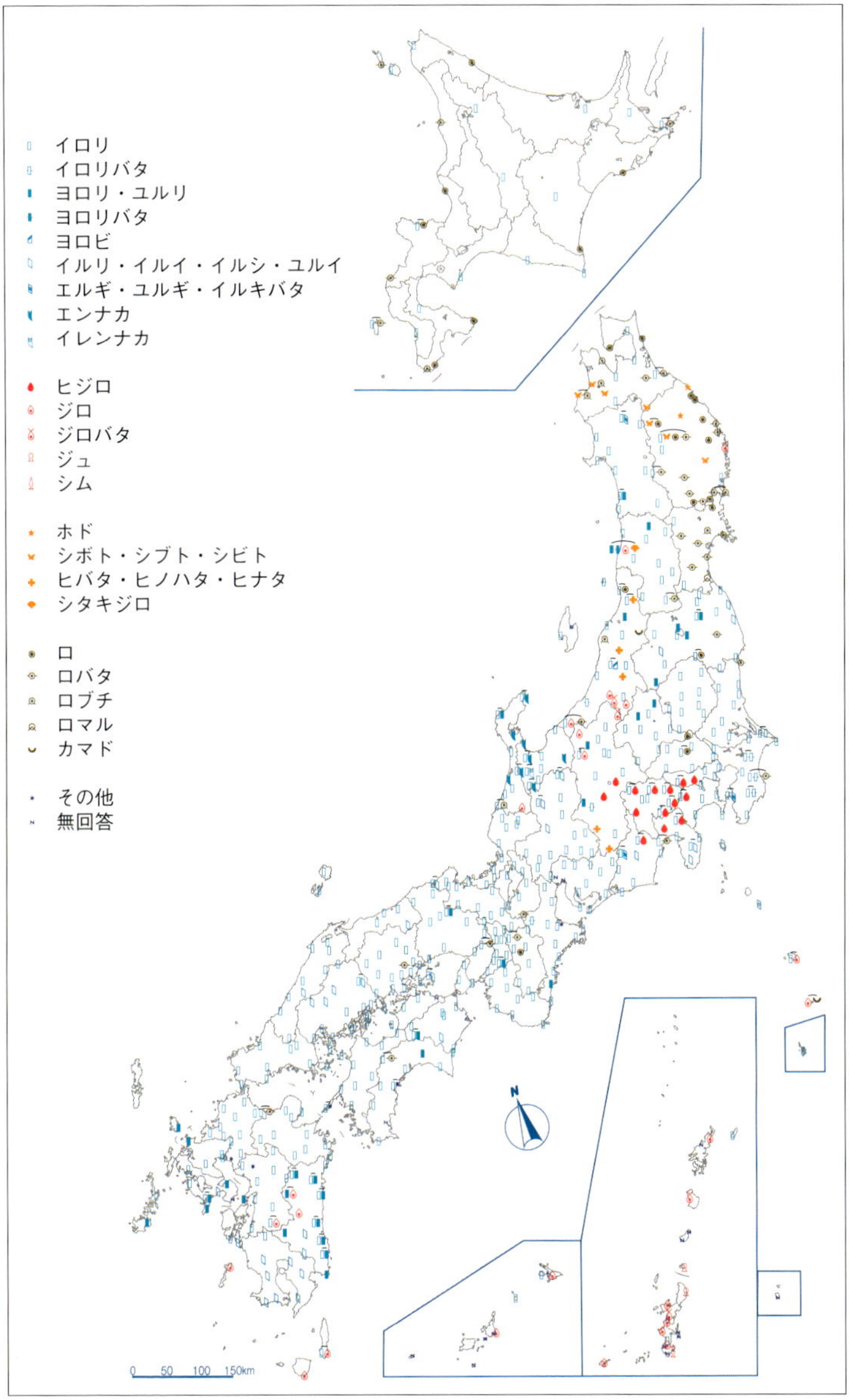

図２　「いろり」の方言の全国分布（2010 年～ 2014 年調査）

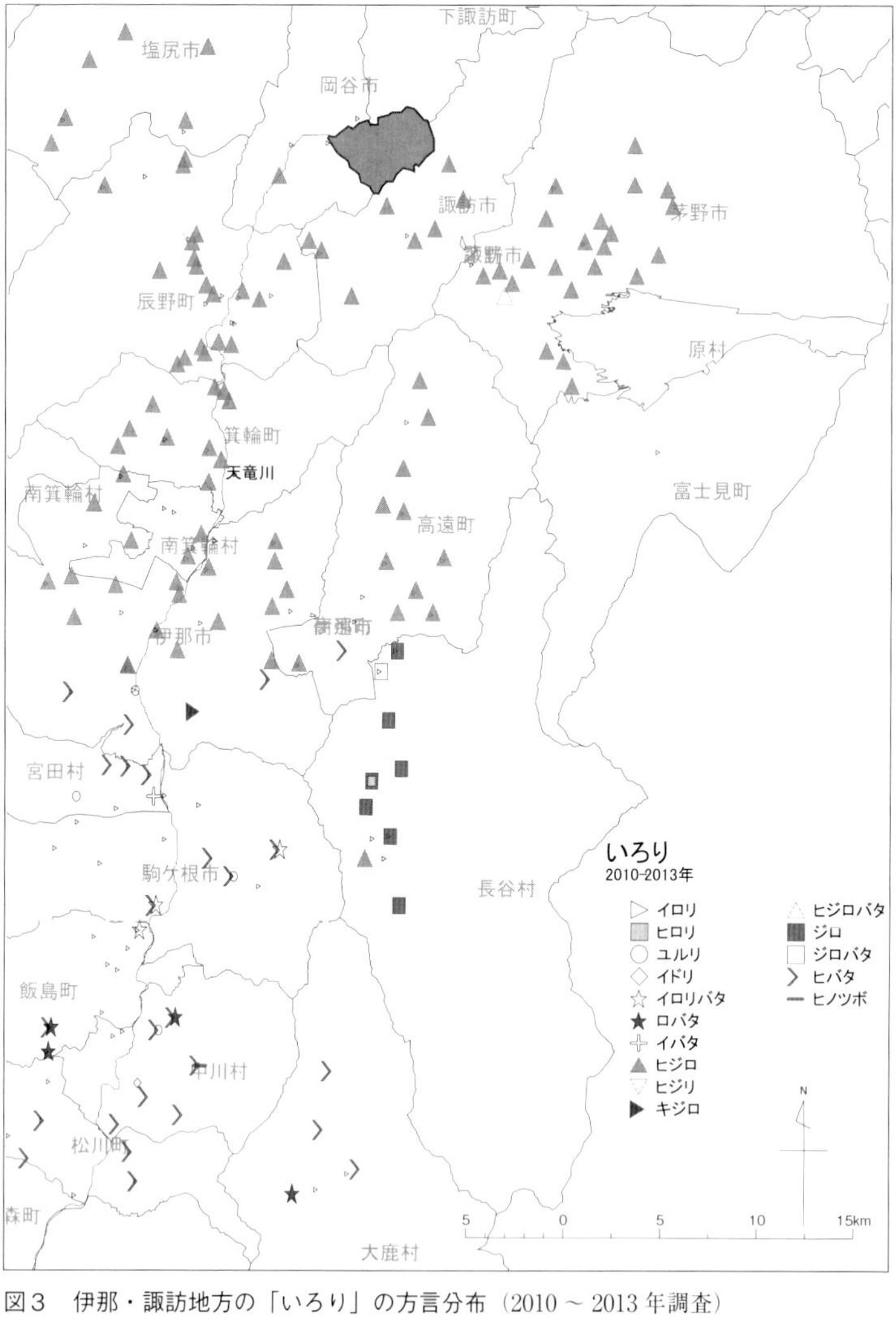

図３　伊那・諏訪地方の「いろり」の方言分布（2010 ～ 2013 年調査）

にある合掌造りの一軒で使われているいろりである。このいろりでは、自在鉤と五徳が併用されていることもわかる。

川本先生の論文では、北陸を中心に使われる方言形の語源も考察されている。それによればイリ・ユルイなど標準語のイロリにつながるイリ系は「座る」ことを表すイルと座席を意味するイを合わせた「居る場所」に当たるイルイにさかのぼるとされる。そしてこれらは庄川下流部に分布が見られるエンナカ類よりも古いだろうと推定されている。その根拠は、イリ系がこの地域における辺境的な場所に見られ、いわゆる周圏的な分布を示していること、また、いろりの縁や座名の方言形を検討すると、それらの語形のなかにイリやイレといったイリ系の形式が化石化して残存していることに基づくものである。

ヒジロをめぐって

2010年から2014年にかけて、国立国語研究所の共同研究プロジェクト「方言の形成過程解明のための全国方言調査」では、いろりの方言の全国分布も調査した。図2はその結果である。この図によると、長野県北部から北陸、九州の中央部、琉球などにジロが分布している。さらに、長野県について中南部にあたる伊那谷から諏訪盆地を2010年から2013年にかけて、信州大学人文学部の澤木幹栄先生の研究室と共同で調査した結果を図3に挙げる。この調査は、先頃（2014年10月）亡くなられた馬瀬良雄先生（信州大学名誉教授）が調査された結果［馬瀬他、1980］との経年比較を目的にしたものである。その間40年の隔たりがあるが、いろりの方言分布はほとんど変化していないことがわかった。

図3が示すようにヒジロは諏訪から上伊那地方（地図の北側）に広く分布している。そして、図2ではとらえられていなかったジロがヒジロと隣接して、南東部（旧・長谷村）に分布していることがわかる。語形の上でも、分布の上でもこれらヒ

ジロとジロは何らかの関係がありそうだ。

五来重先生は「聖人」を意味する「ひじり」はもともと聖火を管理する者であることを意味し、「火」に、統治することを表す「しる」を合わせた語形と考えられた［五来、1976］。上代における発音の区別を反映する上代特殊仮名遣いでは、「火」は乙類、「聖」の「ひ」は甲類なので、残念ながらこの説は否定されるが（「日」は甲類なので「日」を統治するなら成立する）、ヒジロを考える上でのヒントを与えてくれる。

冒頭に記したように「いろり」は暖をとり、煮炊きに使う以前に大切な火を保管しておく役割を担っていた。「いろり」を表すヒジロのジロは「統治」を表す動詞「しる」と、「保管・管理」という点で意味の連続性が認められる。問

図4　『長野日報』2010年12月6日付けの記事の見出し

題はなぜ語尾がルではなくロなのかということだ。これは、万葉集に記録された古代の東国方言形で、今は八丈方言と長野県秋山郷方言にのみ残存する動詞のオ段末尾連体形（タト「立つ」・ミロ「見る」などの形が連体形として機能し、現代標準語とは異なり、終止形のタツ「立つ」・ミル「見る」から区別される）にさかのぼると考えるなら矛盾しないし、むしろ連体形が持つ体言形成機能（「～すること」「～するもの」という意味を担う）を考慮した場合、積極的に支持できる。ヒジロはこのように、いろりの役割を直接表す古い語であり、ジロはそこから語頭のヒが脱落した語であることになる。したがって、ジロは「地炉」のように漢字表記されることがあるが、これも当て字ということになる。なお、先に挙げた川本先生は、ジロがヒジロを元にするという点では共通するものの、ヒジロは「火」と場所を表す「苗代」などの「しろ（代）」の組み合わせとされている。

いろりを表すヒジロは今も諏訪地方に色濃く分

布している。この地方ではヒジロということばが余所には通じない方言形式であることは、あまり意識されていない可能性がある。というのが、地元新聞で記事にされるときも見出しなどに「ひじろ」がそのまま掲載されることがあるからだ（図4）。この記事は「穴倉」と呼ばれる冬場の農閑期に使われる茅葺きの作業所にある「いろり」に今冬も火が入れられたことを報じているが、ここからこの地方ではまだ、いろりが活用されていることもわかる。

現代の火

いろりは火をたくので、当然けむりが出る。いろりには煙突がないから、家のなかがすすける。しかしこれには長所もあり、けむりでいぶされることで、茅葺き屋根に対して防水や防虫の効果があることが知られている。茅葺きといろりは相性がよい。

このように家屋を強くする役割も果たしたいろりでとぼされてきた火は、人間の暮らしに欠かせないものであるが、時にそのエネルギーは凶器ともなる。そのようなマイナスの側面から、現代生活では炎をともなった実物の火は遠ざけられつつある。たとえば、オール電化になると火が出るコンロは不要になる。喫煙率の低下はマッチやライターを家庭から遠ざけていく。生活の進化とともに、ヒトの進化を促したはずの火が暮らしのなかから消えていくというのは、何とも皮肉な話である。

参考文献

五来重　1976『仏教と民俗』（角川文庫）角川書店、p.34

川本栄一郎　1991「北陸地方における「いろり」の方言分布とその変遷」『富山大学人文学部紀要』17：127-150

馬瀬良雄、上伊那誌編纂会　1980『上伊那の方言』上伊那誌刊行会

宮本常一　2007『日本人の住まい』農山漁村文化協会、pp.132-135

リチャード・ランガム　2010『火の賜物』NTT出版

第2話

上海語話者の「言文不一致」

舌を肥やし、耳を養う

郭　南燕
Nanyan GUO（国際日本文化研究センター）

話し言葉として独自に変化した上海語

方言は各地方の言葉であり、日常生活の意思伝達の手段である。方言は、基準化され、統一化された共通語より使いやすく、感情などを効果的に表現できることもあれば、共通語との併用によって利用されることも多い。

多くの社会では、話し言葉が方言で、書き言葉が共通語、という使い分けがみられる。日本はそうであるし、中国も例外ではない。中国の方言のさまざまな表現は、話し言葉にだけ存在し、漢字によって記録され得ていないものが多い。

中国の最大都市上海には、独自な方言「滬《こ》語」（沪語とも書く）がある。上海語の始まりは、上海の行政地区が形成する13世紀まで遡ることができる［陳、２０１０］。上海語の原型は上海付近の松江地方の言葉だが、近隣地域の杭州語、蘇州語、寧波語を吸収し、19世紀に多くの外国語を取り入れ、１９４９年以降、北方方言にも影響されている［銭、２００７］。現在、江南地方の「呉語」の一部である「太湖組・蘇沪嘉小組」と分類されている。上海語は現代呉語のなかで最も変化が速く［李栄他、１９９７］、中国の都市言語のなかで最も若い言葉だと考えられ［湯、２００５］、その雑多性が特徴といえよう［郭、２０１３］。

上海語は主に話し言葉として使用され、その発音と表現を記す文字は不足している［薛、２０１1］。２００8年に出版された、銭乃栄編集の『上海話大詞典』は上海語の表現を網羅しようとしている。しかし、上海語の発音と表現を、北方方言の発音と声調に基づく共通語「普通話」の漢字をもって記すことは部分的にできても、上海語話者からみれば、非常に物足りない。なぜならば、上海語の26の「声母」（子音）のうち共通語にあるのは17だけで、18の「韵母」（母音）のうち共通語と同じなのは半分、声調も上海語には5つあるが共通語は4つだけなのである［銭、２００8］。つまり、上海語の音声と声調は、共通語のそれより複雑であり、共通語の漢字で記録することは非常に難しい。

上海人は、話すときは上海語の音声、声調、表現を使い、書くときは共通語の漢字を使う。このような「言文不一致」のなかで暮らしてきた上海人はほとんど不自由していないないし、上海出身の作家も多数いる。上海語に限らず、中国の方言話者はほとんどがこのような「言文不一致」に甘んじている。しかも方言話者の作家たちは、方言を少し使い、地方色を作品に持ち込むことによって、読者を喜ばせることがよくある。むろん、他地方の読者にもわかるように方言の表記を工夫しなければ、作品が敬遠されてしまう。

絶滅危惧種の上海語復興への取り組み

しかし、１９８２年に憲法に記入された共通語「普通話」の普及と、１９８６年に公布された、幼稚園の使用言語を「普通話」と規定する「幼児園管理条例」は、全国範囲の方言撲滅の運動となり、話し言葉にたいする厳しい制限となってしまう。上海では、幼稚園の子どもが上海語を話さなくなり、小学校、中学校へと進学するにつれて、上海語の使用機会が激減する。２０１２年５月の統計によれば、上海の小、中学生の60パーセントが上海語を聞いてわかり、ある程度話せるが、残りは聞いてもわからない［東方早報、2012］。私は2012年3月、ある小学校の4年生30人のクラスで調べてみて、上海語が話せるのはわずか5人で、残りは聞いて少ししかわからない児童ばかりだという結果である［郭、2013］。

絶滅危惧種とされる上海語を復興させるために、上海の大衆新聞『新民晩報』は2010年3月から毎週火曜日に「上海閑話」という紙面を作り、上海語の音声、語彙、地方文化に関する内容を掲載し、上海語の使用を推進している。現在「上海閑話」のウェブサイトがあり、内容が充実している。だが、上海語音声を記す見慣れない漢字や表現は、上海語のわからない読者にはチンプンカンプンだろうと思う。たとえば、『新民晩報』掲載のある上海語の小話につぎのような冒頭文がある。

週末到了、小陸搭仔蒙蒙㪗対小夫妻要去看伊拉個爺娘。［丁、2012］

（週末になった。陸と蒙蒙は夫婦二人で彼らの両親に会いに行こうとする）

傍線部は上海語の表現であるが、傍線のない部分も上海語で発音されたら、共通語の発音とかなり違う。このような表記は上海語のわからない読者にとっては親切とはいえないが、上海語の復興のために必要な努力で、やむを得ないことである。

上海語話者は実際、文章を書く場合、「搭仔」や「㪗」や「伊拉個爺娘」を使おうとしないのが現状である。なぜならば、上海語を無理に見慣れない漢字で記しても、音声そのものを十分に再現できるわけではないし、むしろ読者をたじろがせてしまう。つまり、「言文一致」を目指せば、ありがた迷惑となってしまう。

近年の上海語演劇は、必ず共通語の字幕を映し出す。観衆は耳で上海語を理解できなくても、目で上海語演劇が鑑賞できる。上海語のわかる人は、耳でその音声、声調、表現を堪能しながら、ちら

旧市街の城隍廟から眺める竣工前の上海中心大厦（高さ 632m）
2013 年 12 月 31 日　撮影：郭南燕

ちらと共通語の字幕をも見て、内容を確認しているようである。それは芝居の会話、歌詞、地の文に書き言葉が頻繁に使われているからである。

方言が言語の豊かさを生む

方言話者の特権は、共通語にない音声、声調、表現を表すための舌の運用と、それを識別するための耳の運用にある。方言と共通語のバイリンガルは、共通語しか話せない人より、さらに多くの身体感覚が伴われているだろう。現在の上海語話者はほとんどバイリンガルである［遊、2010］。彼らは話し言葉の上海語によって、複雑な音声と声調を駆使し、上海語独自の表現を聴覚的に楽しむことができる。このような「舌を肥やし、耳を養う」言語生活こそが、言語の多様性を維持する条件だと言えよう。

もしも、共通語の普及によって上海語が絶滅すれば、上海語話者がもっていた特殊な舌と耳の機能がなくなり、身体感覚のある部分が減少するだろう。実際、現在の上海語は共通語の影響を大きく受け、音声と声調が単純化へ向かっている［朱、2014］。一方、共通語も上海語の表現から多くの影響を受けて、全国範囲で広がっている。言語間の相互影響は日常的に起こるものだが、強制的に方言を制限しなければ、方言話者は必要に応じて使い分けることができるし、身体感覚に基づく文化の多層性も保たれるだろう。

近年、上海では、上海語使用を促進する試みが多く見られる。バスの録音案内は共通語と上海語の両方となり、テレビとラジオは上海語によるニュースと娯楽番組が毎日あり、上海語演劇も元気が出てきている。また上海語と上海文化に関する研究書と読み物が次から次へと刊行されている。上海語は「格好良い」言葉と見られるようになり、地方から移住してきた人びとに熱心に学ばれている。公共の場で上海語を使う若者が最近また見かけられるようになっている。

上海語話者がバイリンガルでありつづけ、「言文不一致」の状態が持続すれば、舌も耳も豊かな言語生活を享受できるだろうと思う。

参考文献

郭南燕　２０１３「上海語の復興――言語文化の「雑多性」を考える」木部暢子、小松和彦、佐藤洋一郎編『アジアの人びとの自然観をたどる』勉誠出版、pp.193-207

朱貞淼　２０１４「21世紀上海市区方言語音的新変化」遊汝傑、王洪鐘、陳軼亜編『第七届国際呉方言学術討論会論文集』上海教育出版社、pp.401-407

薛理勇　２０１１『写不出的上海話』上海書店出版社

銭乃栄　２００７『上海方言』文滙出版社、pp.2-25

銭乃栄　２００８『上海話大詞典』上海辞書出版社、pp.1-7

陳傑　２０１０『実証上海市――考古学視野下的古代上海』上海古籍出版社、pp.175-178, pp.212-214

丁廸蒙　２０１２「跟爺娘一道過週末」呂争、銭乃栄編集『〈新民晩報・上海閑話〉精編　濃濃沪語海上情』上海辞書出版社、pp.8-9

湯志祥　２００５「現当代上海話詞語内部共時差異的研究」上海市語文学会、香港中国語文学会編『呉語研究』第三輯、上海教育出版社、p.245

『東方早報』２０１２「不足一半中小学生認為上海是理想帰属地」５月９日 http://edu.online.sh.cn/education/gb/content/2012-05/09/content_5305187.htm

遊汝傑　２０１０「三十年来上海方言的発展変化」上海市語文学会、香港中国語文学会編『第五届国際呉方言学術討論会論文集』上海教育出版社、pp.236-247

李栄、許宝華、陶寰　１９９７『上海方言詞典』江蘇教育出版社、p.4

第3話

フクロウの鳴き声から好天を予兆する

中井精一

Seiichi NAKAI（富山大学人文学部）

鳥が知らせる未知

孔子の弟子、公冶長《こうやちょう》は、カラスやツバメなど100の鳥の鳴き声を聞き分けたといわれ、西鶴の「不思議のあし音」（『西鶴諸国ばなし』）や落語の「公冶長」にも語られていることから、江戸時代には広く世間で知られていたと思われる。

わが国には、神武東征《じんむとうせい》の八咫烏《やたからす》の記述をはじめ、天空を高く遠く自在に天翔《あまか》ける鳥が、神の国と人の世のなかだちをする使者であるという考えが広く受け入れられていて、それは時には、死者の霊を彼岸に送る運搬者であり、時には、神霊をこの世にもたらす使いでもあり、あるいは、霊の化身とも信じられていて、鳥の鳴き声は異界からのメッセージであると信じられてきた。

鳥の鳴き方と言語音

鳥の鳴き声は、さえずりと地鳴きに分けられる。スズメ目に属する小鳥の雄は、春になって日照時間が長くなると、精巣からテストステロンという男性ホルモンを分泌し、歌をうたうように鳴き始めるという。

一般に地鳴きは雛・幼鳥・若鳥・成鳥の雄雌の区別はなく、1年を通じて行われる。さえずりにくらべると短く単純で、警戒声・飛び立ちコール・接近した時に挨拶がわりに使われる声（接触声、または遭遇声という）・存在を確認し合う声・逃げる時の声・攻撃的な声・怪我したときの声・食物をねだる声（給餌声）・喜びの声などいろいろあると言われる。

鳥の鳴き声にはさまざまあるが、私たちは、カラスはカアーカアー、スズメはチュンチュン、ハトはポッポーというふうに聞こえるままに、言語音にうつしとる、つまり日本語に置き換えて知覚し、それぞれの鳥の特徴とともに把握してきた。

写真1　フクロウ　写真提供：富山市ファミリーパーク

晴天を予兆するフクロウ

ところが、チュンチュンやカアーカアーのような鳴き声を模写したようなものだけではなく、われわれはコジュケイならチョット来イ、チョット来イ、カラスならアホーアホーと鳴いているように聞くこともある。

鳥類研究家の川口孫治郎は、その著書（1921）で、鳥の声の調子や音色を、人間の発する言葉やフレーズに当てはめる「聞きなし」をしたことで知られるが、わが国にはその長い歴史のなかで、時代ごとに地域ごとに、さまざまな聞きなしが行われてきた。

国立国語研究所が刊行した『日本言語地図』の第二九八図・第二九九図は、フクロウの鳴き声の全国分布を示したものであるが、各地には、ボロキテホーコー（ぼろ着て奉公）、ゴロスケホーコー（五郎助奉公）、ゴロヒチホーコー（五郎七奉公）、フルツクフーフー、ホーホー、コーゾといったよ

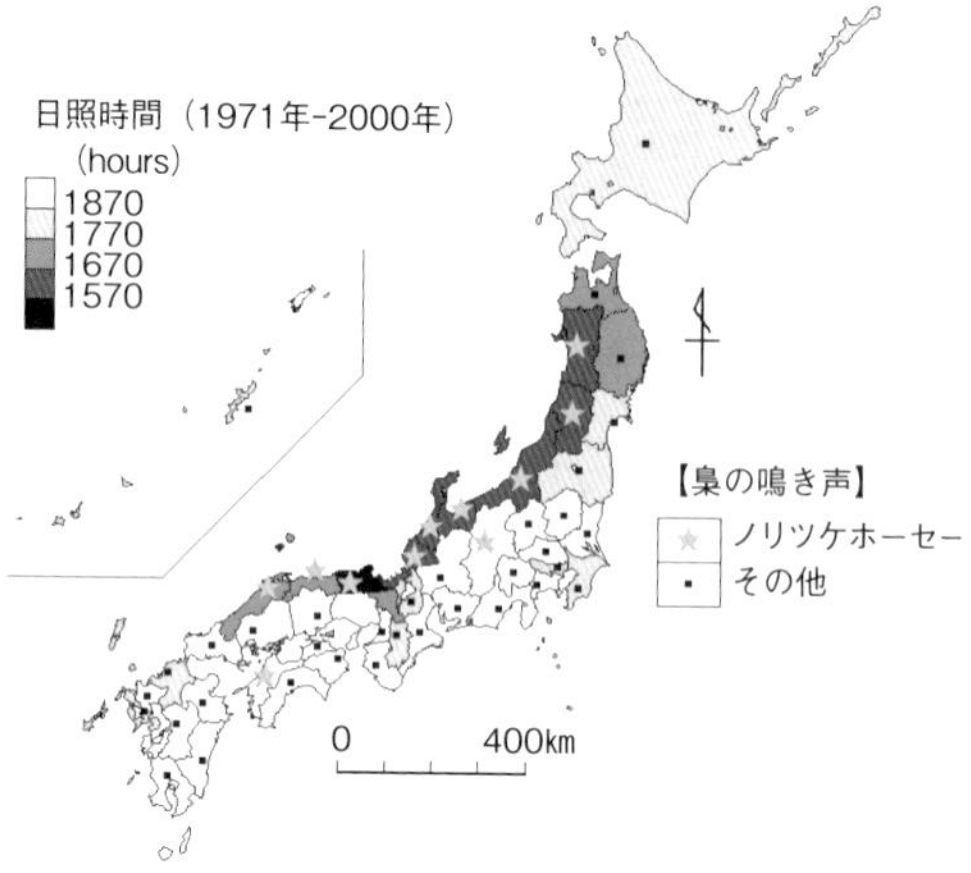

図１　「ノリツケホーセー」と日照時間

うなさまざまなバリエーションがあった。

フクロウには、鎌倉時代以降、天気を予兆する鳥との言い習わしがあるが、それを伝承するかのように『日本言語地図』には日本海沿岸を中心にノリツケホーセー（＝糊をつけ洗濯物を干しなさい）といった聞きなしをする地点が数多く報告されていた。

鳥谷（２００７）は、『日本言語地図』を用いて「ノリツケホーセー」と回答した地点のある県に★の記号を与え、日照時間が全国の平均値と比べ年間２００時間以上少ない地域に網掛けをし、日照時間とノリツケホーセー使用との関係を検討したが、ノリツケホーセーの残存には、日本海沿岸地域の自然環境やそこに暮らす人びとの晴天への希求が込められているようである。

砺波平野の自然とフクロウの聞きなし

日本海沿岸、富山県西部にある砺波《となみ》平野は、庄川と小矢部川下流に広がる平坦地で、砂質壌土の水田単作地帯である。その中心となる庄川は、飛騨高原に源を発し、平野部には砺波市庄川町青島あたりで出て、ここを頂点に扇状地を形成するが、屋敷林に囲まれた農家が平野の一面に点在する散村風景は、緑に覆われた多くの島々が水面に浮か

写真２　砺波平野の散居村　撮影：田中正博

近年、フクロウを見ることは少なくなったと聞くが、ホーホーやデデッポッポ、ステッポポといった聞きなしが使用されている。

ぶ姿にも似ていてとても美しい。

ただ、この平野は三方が山に囲まれた盆地状の地形であるため眺望はあまりよくない。また冬は雪が降って寒く、夏は30度を超す日が続く暑さとなる。加えて、1年を通じて西風が卓越する。孤立した散村の農家では寒い冬をしのぎ、吹雪や雨風から家を守り、夏の強い日差しを防ぐためには屋敷林は欠くことのできないものであった。

屋敷林を構成する樹種はスギ、ケヤキの高木から、低木のヒサカキなどがあり、またここにある常緑針葉樹・広葉樹・落葉樹といった多様な樹々は、いろいろな虫を育て、野鳥たちには多様な環境を提供している。

近年、フクロウを見ることは少なくなったと人びとは言うが、私たちの調査では、フクロウは、砺波平野全域で広くホーホーやデデッポッポ、ステッポポといった鳴き声を模写したものや、ノリツケホーセー、ノリツケホーホーなどが平野部奥の、扇状地の要の部分で使用されていた。

ホーホーは、全国各地で使用されていて、いわばフクロウの鳴き声の「共通語」である。また、デデポッポは石川県東部地域で広く使用されていて、調査の結果から、石川県方言との共通性があらためて感じられた。

ノリツケホーセー残存と集落地形

柳田国男の『野鳥雑記』によれば、ノリツケホーセーなどの聞きなしは、かつては関東から信州にかけての地域でも広く使用されていたらしい。また、1950年代を中心に実施された日本言語地図の調査では、青森県の津軽地方をはじめ、秋田県、山形県、新潟県、富山県西部、石川県、福井県、京都府丹後《たんご》地方、兵庫県但馬《たじま》地方、鳥取県、島根県、山口県の日本海沿岸に及ぶ広い地域で使用が確認されている。富山県西部地域で広範囲の使用が認められるが、今日の砺波平野では広域の分布はなく、丘陵部周辺の集落などに偏って残存しているだけである。

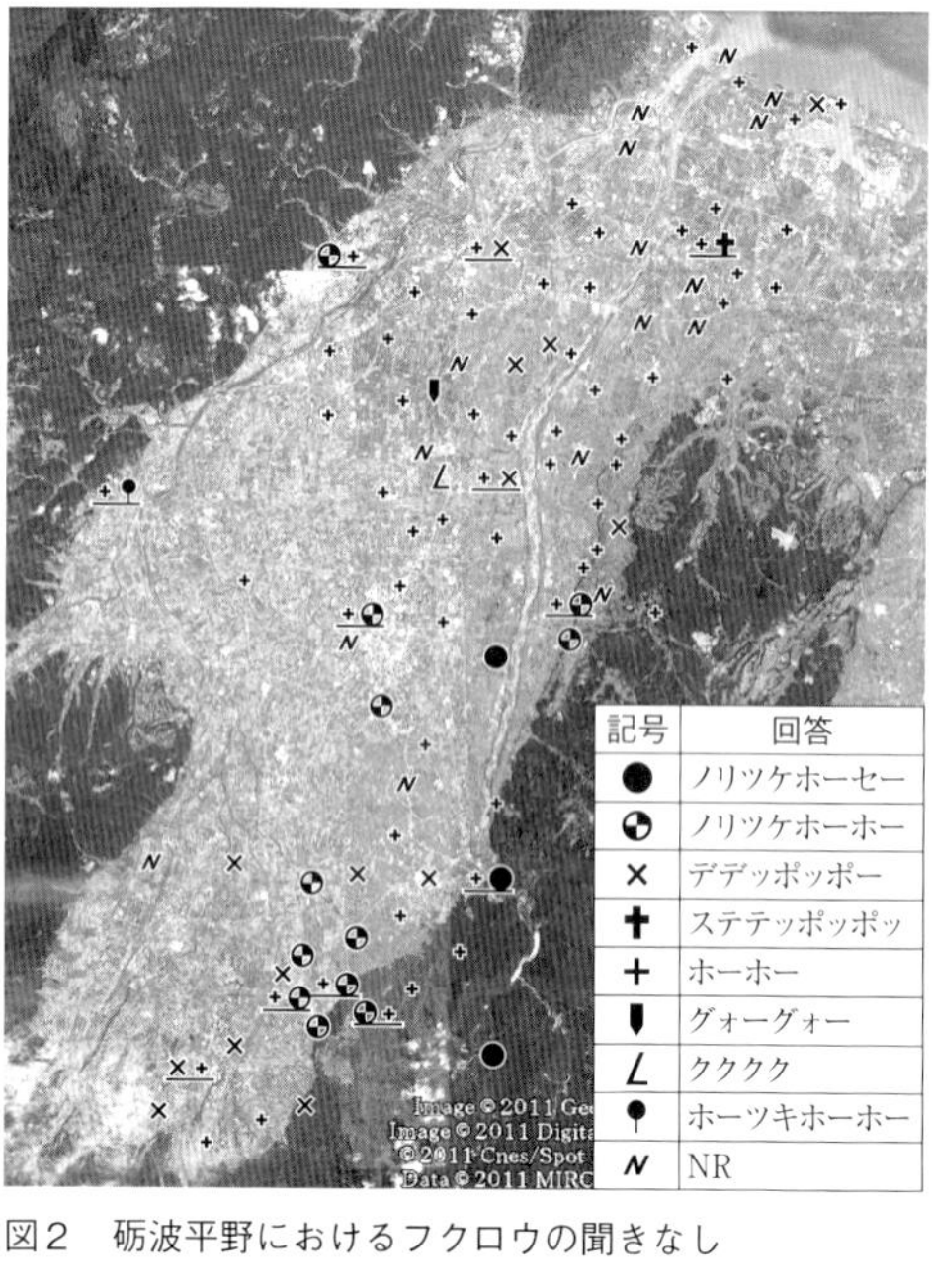

図2　砺波平野におけるフクロウの聞きなし

古いことばの残存には、暮らしや文化の保守性、新たな情報や技術の遅速など言語外的要因と人びとの心性が大きく影響するが、往々にして山間部の交通不便な集落や半島や島嶼部の集落よりも、平野部の奥まった集落の方に顕著であることが多い。砺波平野におけるノリツケホーセーの残存は、地理的条件からみてこの傾向にあてはまることであるかもしれない。

砺波平野の眺望と立山

ところで、集落地形との関連で考えてみれば、ノリツケホーセーが残存する集落は、内陸で、眺望のききにくい立地である。

天平18年（746）越中に赴任した歌人の大伴《おおともの》家持《やかもち》は、5年間の在任中、「立山に降りおける雪を常夏に見れともあかす神からならし（巻17・4001）」をはじめ、立山の雄大さを数々の和歌に詠みこんだが、立山は現在でも富山で暮らす人びとの唯一絶対のランドマークであり、その神々しい姿は、家持の頃と何ら変わりはない。

富山県の人びとは、「立山がはっきり見えれば風が吹く」「立山がきれいに見えれば晴」「西方様子が暗いと雨が降る」「立山が近く見えるときに風が吹いてきて雨が降る」「ツバメが低く飛んでいると雨が降る」「立山に前雲が出たら天気がよくなる」といった観天望気を用い天候を占ってきた。しかしながら砺波平野の内陸部にはこういった言い習わしはほとんどない。それは、立山までの距離が遠いこと、日照時間が短く空気中の湿度が高く遠望が困難なこと、東側に山塊や尾根筋があって立山の眺望を阻んでいることなど、眺望の

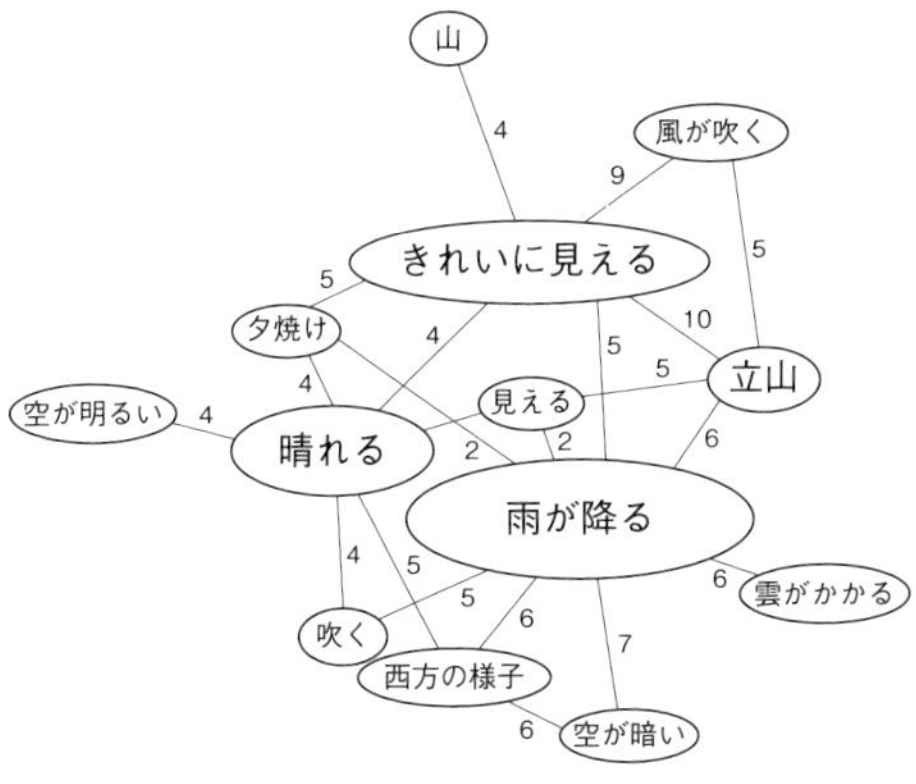

図3　富山県の観天望気と立山

良し悪しがそれを分けているようである。

ノリツケホーセーの衰退と眺望

富山県内の中学校の校歌に歌われている山を調べたところ、「立山」以外にも「二上山」「朝日岳」「牛岳」「医王山」などの各地域の山も歌いこまれていることもわかった。ただ、これらの山が、観天望気のランドマークにはなっていない。

また、砺波平野や富山平野などの内陸部で眺望の悪いエリアの校歌には、山が歌い込まれていないことに気づく。

砺波平野のフクロウの聞きなしを示した図2と比較してみると、ノリツケホーセー、ノリツケホーホーなどの晴天を予兆する聞きなしは、庄川扇状地の奥で用いられていた。そしてこれらの集落

写真3　県内各地から眺望できる立山連峰　撮影：田中正博

図4　富山県内の中学校校歌に歌われた山

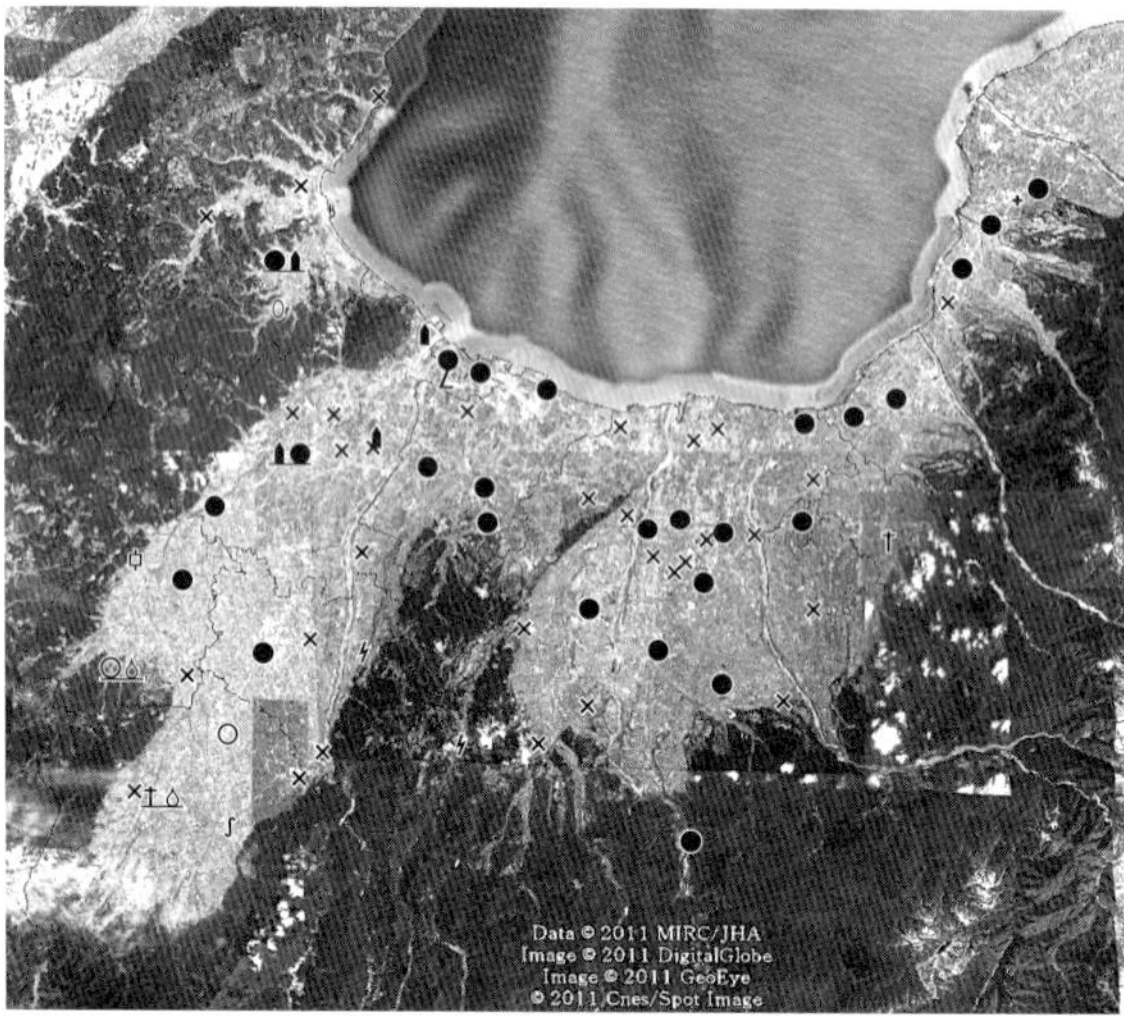

記号	山の名前
▲	二上山
●	立山
○	太刀山
ϟ	牛岳
∠	高志の嶺
中	城山
∫	赤祖父山
♦	朝日岳
0	飯久保山
◊	医王山
＋	日本アルプス
†	剣岳
・	記載無し

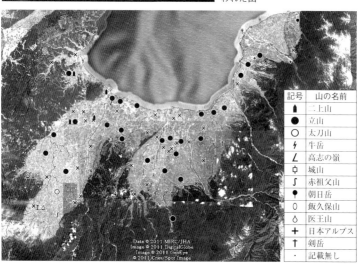

に共通するのは、眺望が悪く、富山県における観天望気で最も多く用いられる立山を望むことのできない集落立地のように思われる。そうだとすれば、立山眺望の有無、すなわち可視的情報の多寡が、聞きなしの維持・残存に関わっている可能性もある。

自然環境の変化と方言の消滅

雲、風、視程、気温などの民俗の知を用いてなされる観天望気は、日本列島とそこに暮らす人びとの環境認識のありようを示す言語体系である。

かつて日本海沿岸のみならず、関東や信州でも使用されていたフクロウによる好天の予兆は、徐々にその使用範囲を縮小し、現在では日本海沿岸地域の内陸部に残存するにいたっている。ひと昔前まで森の周辺は小川が流れ、水田を主とした人びとの生活の場は野鳥たちに多様な生態環境を提供してきたが、今日それを望むことは難しく、フクロウを見ることもその鳴き声を聞くこともほとんどない。実物を見ることが少なくなったり、日常生活において関わりが減少していくと語彙は消滅したり、共通語化してしまう。

自然環境の変化は、社会の変化や人びととの暮らしの変化、考え方や価値観の変化と密接につながっている。そして気づかれることなく日々伝統的地域方言は消滅しつづけている。自然科学系分野も含めた広い視野と人文社会分野の連携なくしては、方言消滅の危機にいつまでたっても向き合うことはできない。

参考文献

川口孫治郎　1921『飛騨の鳥』郷土研究社
真田信治　2002『方言の日本地図』講談社
鳥谷善史　2007「データベース資料からみた日本海側のことば」『日本海総合研究プロジェクト研究報告2』桂書房
松木鴻諮、他　2005『鳥たちの戦略』桂書房
柳田国男　1962『野鳥雑記』角川文庫
山口仲美　1989『ちんちん千鳥のなく声は』大修館書店

第 4 話

音の模倣　オノマトペ

小野正弘
Masahiro ONO（明治大学文学部）

「オノマトペ」とは

朝、起きてから、夜、寝るまで（いや、寝ているあいだも）、われわれは、さまざまな音に取り囲まれている。その音を、言語音に移し替えたものが、オノマトペである。

日本語のカタカナ言葉「オノマトペ」は、いわゆる擬音語と擬態語をあわせた概念として用いられていて、各種の国語辞典や百科事典でも、そう説明されている。けれども、「オノマトペ」の語源である、フランス語 onomatopée や、英語 onomatopoeia になると、「擬音語（擬声語）」という説明はあるが、「擬態語」は載っていないことがある。『言語学大辞典』（1996年、三省堂）でも、フランス語 onomatopée や、英語 onomatopoeia は「擬声語」の訳語としては載っているが、「擬態語」の訳語は、symbolic word とあるのみなのである。つまり、「オノマトペ」の原語は、擬音語のほうに重心があって、擬態語にはあまり関与しないもののようなのである。長々と書いたが、つまり、この文章における「オノマトペ」は、より原語に近い概念で用いられているのである。

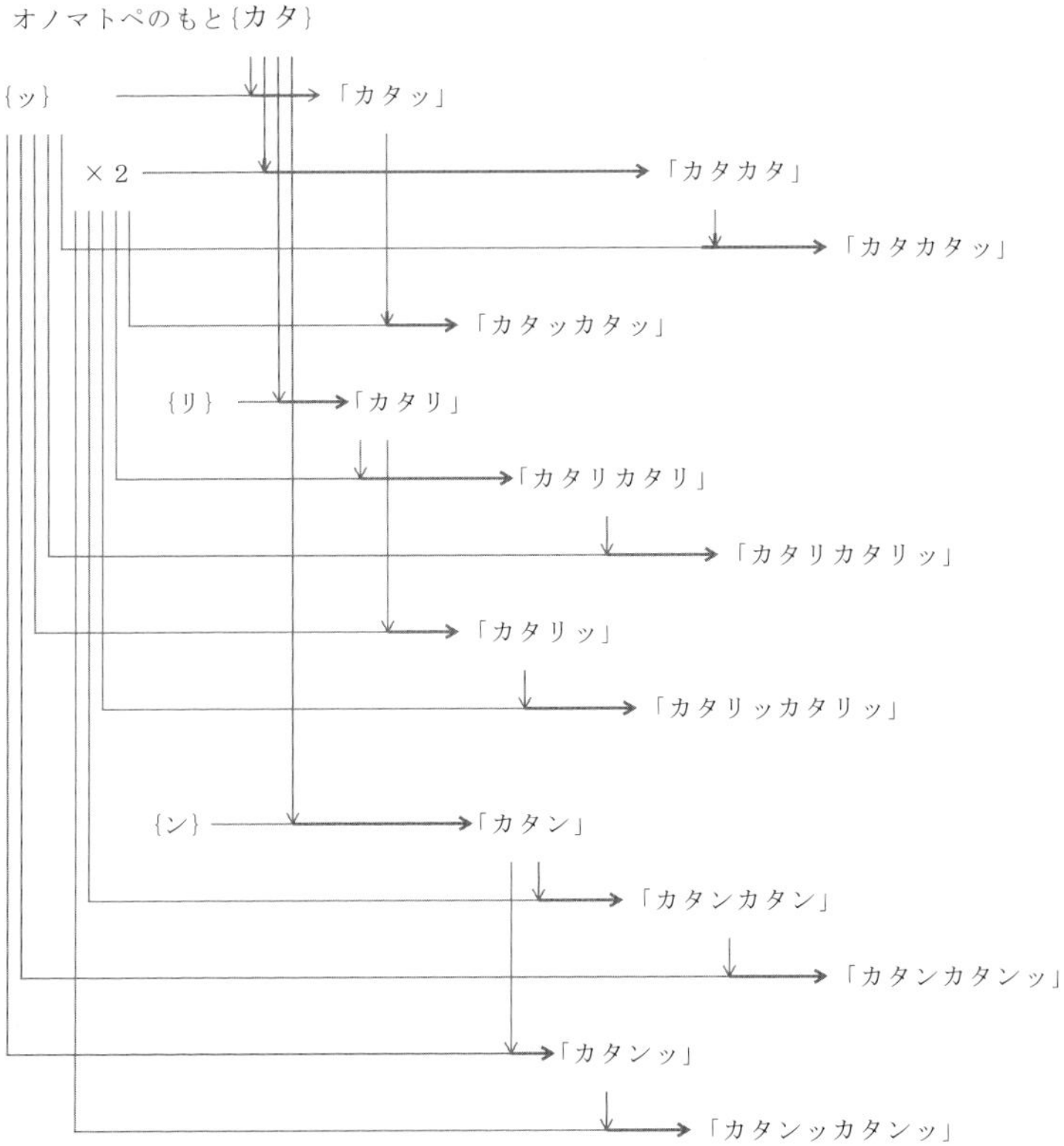

図１　オノマトペ「加工工場」の図

◎オノマトペの「加工」は、きわめて整然とした「工場」のようなかたちで作られる。

- オノマトペには「もと」があって、その「もと」に、さまざまな「部品」が付いて、「製品」としてのオノマトペがつくられる。
- 図のように ｛カタ｝ を使って説明すると、オノマトペのもと ｛カタ｝ が上から下へと流れてくると、｛ッ｝ という部品が左方向から流れて来てくっつく（矢印と矢印が出会う）。それで、「カラッ」という製品（太矢印）ができあがる。
- そして、その製品は、それ自体がふたたび部品となって、他の部品と再度出会って、再製品となる。
- 部品には、上に述べた ｛ッ｝ の他に「×２」（倍にしろ、という工程）、｛リ｝、｛ン｝ がある。「×２」は、厳密に言えば「部品」ではないが、とりあえず、ここに位置づける。
- こうしてみると、部品 ｛ッ｝ と工程「×２」は、それぞれ５つの最終製品化に関与するのに対して、部品 ｛リ｝ と ｛ン｝ は、実は、最終製品化の点では、いずれも１つにしか関与していないことが分かる。
- ちなみに、「二階」には、オノマトペノのもと ｛ガタ｝ を、同じような工程で製品化する工場がある。

模倣の範囲

　さて、音の模倣としてのオノマトペを考えるとき、どこまでが模倣で、どこからがそうではないのかという、最も単純でありながら、最も難解な問題が立ち現れる。これは、実は、拙著『日本語オノマトペ辞典』（２００７年、小学館）を編集したとき、実に頭を悩ませた問題であった。どれを入れて、どれを外すか。辞書編集者になったつもりで、一緒に考えてほしい。

　まず問題をわかりやすくすると、人間の発声器官以外のものがたてる音を模倣したものは、すべてオノマトペとしてよいだろう。自然がたてる音、たとえば、風の吹く音（ひゅう）、木々の葉ずれの音（ざわざわ）、水の流れる音（ちょろちょろ）、雨の降る音（ざあざあ）などは、オノマトペで問題ない。人工物がたてる音、たとえば、鐘の音（ゴーン）、鍵の開け閉めの音（カチャリ）、ジェット機の飛行音（キーン）、動物の鳴き声、たとえば、猫（ニャー）、犬（ワンワン）、象（パオー）、猛獣（ガオー）なども問題ない。

　人間の動作・行動にともなって出る音、たとえば、戸をあける音（ガラッ）、ドアをたたく音（トントン）、車のドアを閉める音（バタン）、ブレーキをかける音（キキー）なども問題ない。

　だんだん本丸に近づいてきた。人間から出る音で、発声器官以外から出る音、たとえば、鼻水をすする音（ズー）、爪で皮膚をかく音（ボリボリ）、関節が鳴る音（ボキボキ）、舌を鳴らす音（ピチャピチャ）、ちょっと尾籠《びろう》だが、おならの音（プー）なども、やはり問題ない。

　それにしても、よくぞここまで模倣しているものだと改めて思う。

泣き声・笑い声

　さあ、人間の発声器官にたどり着いた。たとえば、泣き声を表す声で、小児などの「ビエー」「ウエーン」などはどうだろう。しかし、これも、よ

このイラストから、
どんな泣き声のオノマトペが聞こえてきますか？

イラスト：堀川千晶（明治大学文学部卒業生）

く考えてみると、これらは、泣き声がまとまったかたちでまずあって、それを模倣したものであることに気づく。つまり、小児は、「ビ」を発音したあと、「エー」と延ばしているのではない。だから、オノマトペに入れてよい。おとなの泣き声、「オイオイ」「グスグス」なども同じである。「あいつ、後悔してオイオイ泣いていましたよ」などと言っても、本当に「オ」「イ」「オ」「イ」と分解できるかたちで泣いているわけではない。そんなふうに泣いていたら、きっと嘘泣きである。

ただ、子どもの泣き声を実際に聞いていると（家の中にいると、外から自然に飛び込んでくる）、本当に「ウ」「エー」「ン」と泣いているように聞こえることがある。これはなんだ。もしかしたら、子どもは、なにかで、泣くのは「ウエーン」なんだと学習して、そのとおりに泣いているのかもしれない。

つまり、模倣音としてつくったオノマトペを、人間のがわで、また、模倣しているのである（！）。

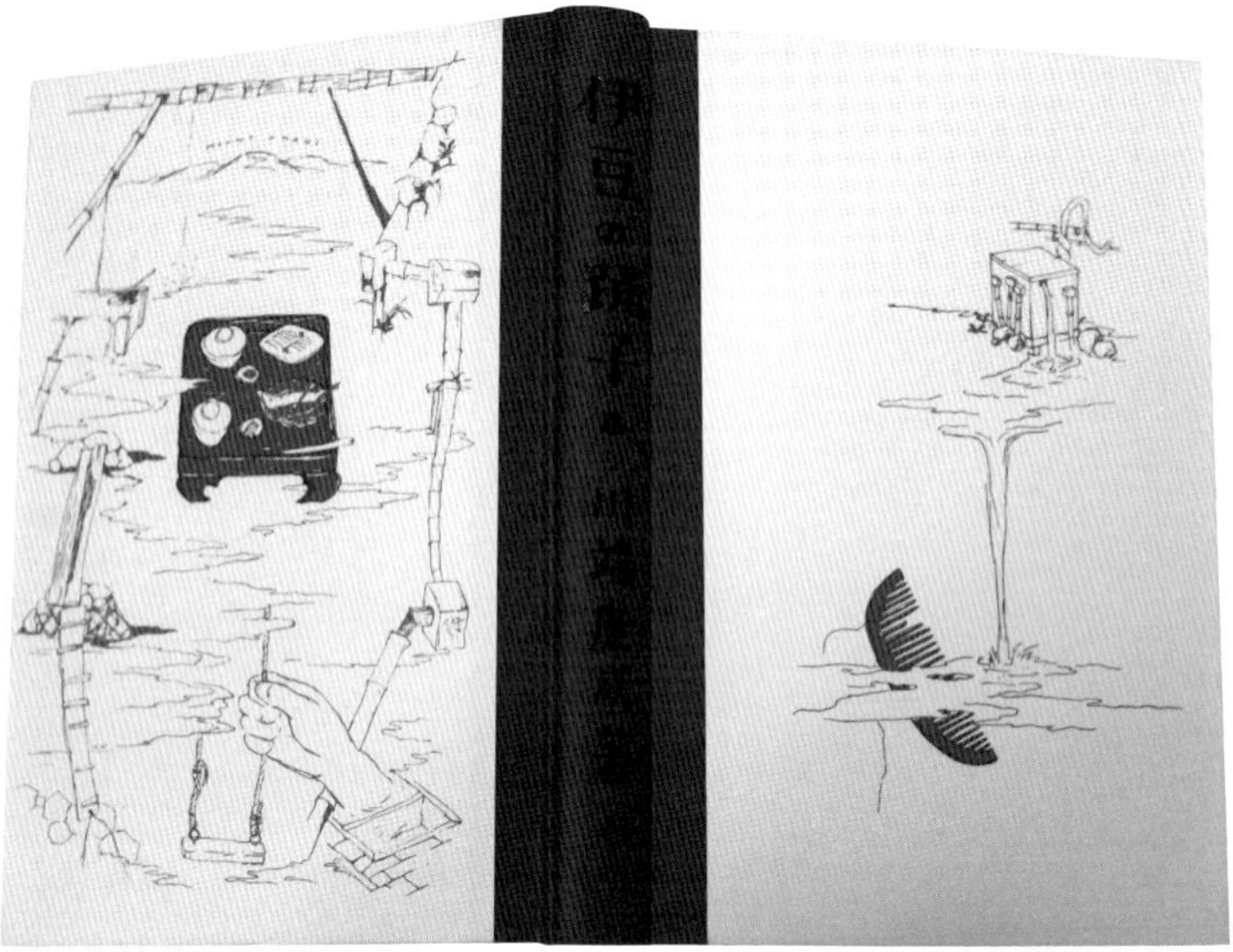

写真１　川端康成著『伊豆の踊子』の初版本（日本近代文学館の複製による）

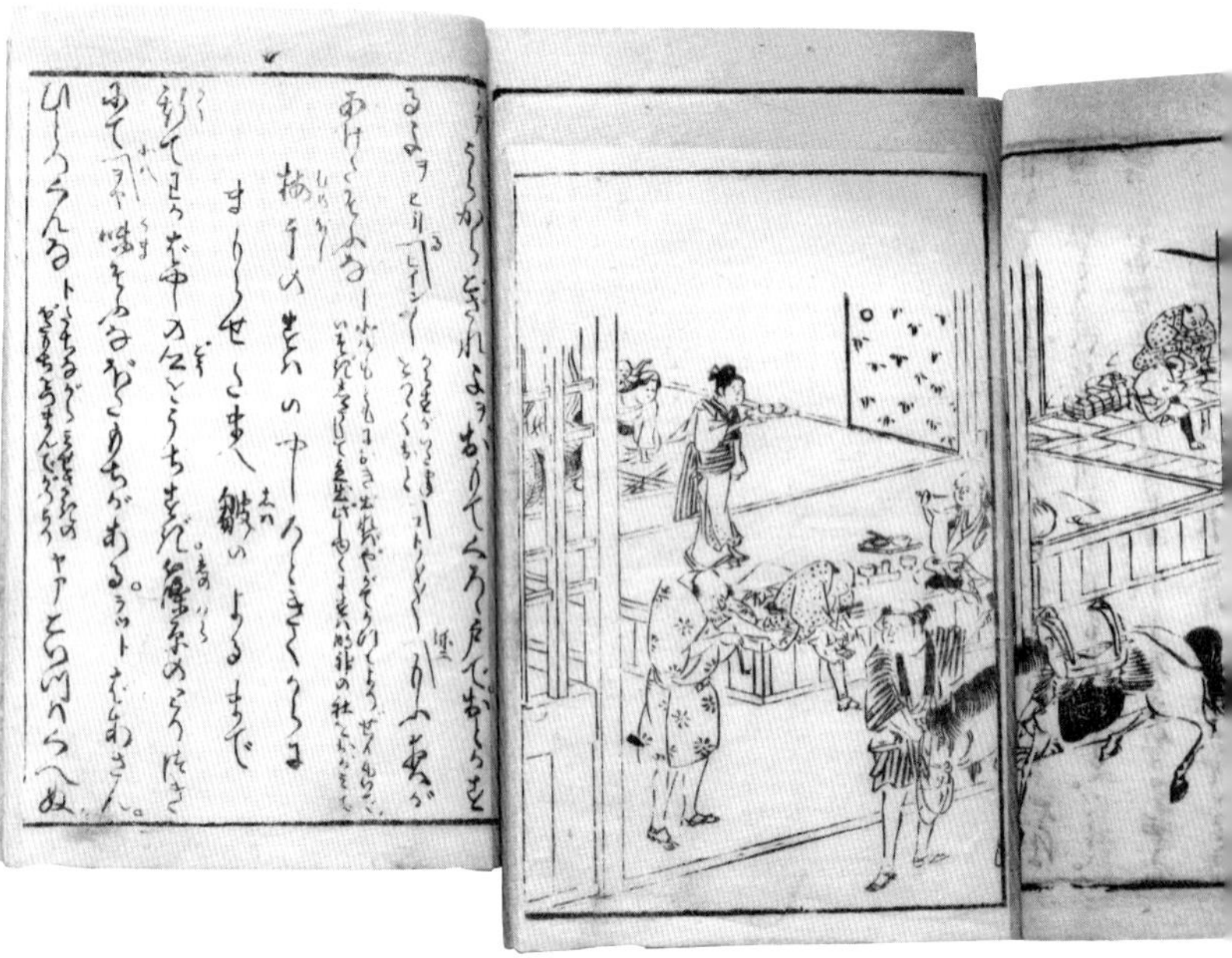

写真２　十返舎一九著『東海道中膝栗毛』の原本（架蔵本）

笑い声のほうも考えてみると、「くすっ」「うひゃひゃ」「がはがは」などは、やはり、模倣した音であって、オノマトペである。以前、拙著『オノマトペがあるから日本語は楽しい』（２００９年、平凡社）で、川端康成の『伊豆の踊り子』（写真1）における「ことこと笑った」という表現の持つ魅力をとりあげたことがあるが、この「ことこと」は、よく考えてみると、現実にはどのような笑い声を模倣したものなのか、その模倣元が、実はよくわからないのではないか。それとも、これは、もはや擬態語のほうなのか。『伊豆の踊子』は、何度も映画になっているようであるが、監督から、「はい、コトコト笑って下さい」と指示されたら、俳優さんはどうするのだろう。

微妙なもの

以上考えてきたところから言うと、模倣した音でないものは、オノマトペには入らない、ということになる。それは、具体的にはどのようなものか。たとえば、「おっ」「うん」「えっ」などはどうか。これらは、まさに、そのとおりに発音しているのであって、本当はこんなふうには分けられない音を分割して表しているわけではない。だから、これらは、オノマトペではない。

だいたい、そのように考えて間違いはないと思われる。けれども、個別的なものになってくると、いろいろと迷うものがある。たとえば、「あっ」。実は、『日本語オノマトペ辞典』を刊行したあとに、ある購入者から、どうして「あっ」は載っていないのか、という質問がきたことがある。「あっ」も、前に書いたものと同じく、本当は「あっ」とは発音していないものを、「あっ」という音で模倣しているのではないから、オノマトペには入れません、と答えたのであったが、「あっというまの出来事」などというときの「あっ」はどうですか、という第二弾の質問がきた。しかし、これも「あっというま」は、もはや、この単位で一つの副詞相当だし、そもそも、それは模倣しているかどうかという問題からずれてしまっている。

とはいえ、それで完全に問題が解決しているかというとそうでもない。「うん」は、その通りに発音していると前述したが、「うむ」のほうはどうか。「umu」と「む」の音をはっきり発音しているかというと、どうもそうではなさそうだ。口を閉じて、鼻から息をもらしながらうなっている音のさまを模倣しているのかとも思う。

旅で聞く音の模倣

脳髄をしぼるような話題が続いてしまったので、最後は、脳の緊張をほぐすような話題で終わることにしよう。

『東海道中膝栗毛』（1802年〜14年刊行、写真2）という江戸時代の戯作は、だれしも知っているものと思われるが、この凸凹旅行記のあちこちにオノマトペが出てくる。それも、原語の意味に近い方、つまり、音の模倣としてのオノマトペがよく出てくるのである。街道での馬のいななき、旅籠の前でこうるさく鳴る鈴の音、客のいびき。このような音の模倣が随所に示されることによって、当時の読者も、旅のリアリティーを生々しく感じたことであろう。

> 心おちつきてとろ〱と、一睡の夢をむすぶに、ほどなく八声の鶏の声、家ごとにうたひ連る勇ましさ、早出の馬の鈴の音、シヤン〱（中略）馬「ヒイン〱からすが板屋根をつつく音「コト〱〱
> （三編下、浜松、表記は適宜改めた）

一日の旅程を終え、例によってどたばたをやらかして眠った翌朝。また夜が明け、鶏が鳴く、早出の馬の鈴の音といななきが聞こえる。烏も屋根にやってくる。だんだん音が増えて、また一日が始まる。人としての営みが始まる。その始まりに、音の模倣としてのオノマトペをちりばめる——なんと心憎いではないか。

コラム

音の法則

窪薗晴夫 Haruo KUBOZONO（国立国語研究所）

多言語間の類似性と対応関係

言語学者が「音」に魅せられる理由の一つに、言語音の現象が示す規則性をあげることができる。近代言語学の基となった歴史比較言語学は、18世紀末にウィリアム・ジョーンズというイギリス人が、インドの古典語であるサンスクリット語（梵語）とヨーロッパの古典語であるギリシャ語・ラテン語との間に、音の類似性・対応関係があることを発見したことが発端となった。後に歴史比較言語学と呼ばれる学問分野の始まりであり、インド・ヨーロッパ語族と呼ばれる言語グループの発見である。

ウィリアム・ジョーンズ（William Jones, 1746-1794）

この研究のなかから、有名な「グリムの法則」も発見された。これはイタリア語やスペイン語の祖先であるラテン語と、英語やドイツ語などの祖先であるゲルマン語との間に規則的な音対応が見られるというものであり、筆者も高校時代にこの音の法則を学び、たとえばラテン語のpと英語のfの音が対応する（pedal—foot, pater—father）という事実に感動、興奮したのを覚えている［窪薗，2008］。

方言のなかで見られる規則性

同じような音の法則は日本語のなかにも数多く存在している。たとえば方言間のアクセントを比較すると、東京方言のアクセントと鹿児島方言のアクセントはほぼ逆のパターンとなる。たとえば東京で高低と発音される単語（雨、春、秋、来る……）の多くは鹿児島では低高のアクセントで発音され、逆に東京で低高となる単語（飴、夏、冬、行く……）は鹿児島では高低のアクセントで発音される［窪薗，2006］。このようなアクセントの対応関係は数多くの方言間で観察されており、方言間の歴史的関係や距離を測る指標ともなっている。

音の規則性は同一方言のなかでも観察される。たとえば近畿方言の複合語には「式保存」と呼ばれる法則が存在し、「春」や「秋」のように出だしが低く始まる語を前部要素とする複合語は低く始まり、「夏」や「冬」のように出だしが高い語で始まる複合語は高く始まる。複合語の最初の要素のアクセントが、複合語全体のアクセントを決定するのである。「春休み、秋休み」と「夏休み、冬休み」の発音の違いはこのような規則によって生み出されている。

はる→はるやすみ（春休み）
あき→あきやすみ（秋休み）
なつ→なつやすみ（夏休み）
ふゆ→ふゆやすみ（冬休み）

この式保存の法則が、九州の方言でもやや形を変えて残っている。鹿児島方言には語末音節が高いタイプ（B型）とその一つ前の音節が高いタイプ（A型）の二つのアクセント型があるが、A型の要素で始まる複合語は語末から二つ目の音節が高くなり、B型の要素で始まる複合語は語末音節が高く発音される。複合語が前部要素のアクセントを継承するというこの「複合法則」（平山の法則）は、九州西南部に広く観察されるアクセント規則である［平山、1951、木部、2000］。

はる→はるやすみ（春休み）
あき→あきやすみ（秋休み）
なつ→なつやすみ（夏休み）
ふゆ→ふゆやすみ（冬休み）

方言比較

◆近畿方言（式保存の法則）
はる、あき → はるやすみ、あきやすみ
なつ、ふゆ → なつやすみ、ふゆやすみ
◆鹿児島方言（複合法則）
はる、あき → はるやすみ、あきやすみ
なつ、ふゆ → なつやすみ、ふゆやすみ
◆鹿児島県・甑島方言（複合法則）
はる、あき → はるやすみ、あきやすみ
なつ、ふゆ → なつやすみ、ふゆやすみ

近畿方言の「春休み、夏休み」と鹿児島方言や甑島方言の「春休み、夏休み」は発音がまったく異なっているように見えるが、前部要素（春、夏）のアクセント特徴を継承するという点では同じ法則に支配されている。これらの方言に共通する法則が、歴史的にどのように発達してきたのか、この法則をもたない方言との境界がどこにあるのか、この法則が共時的にどのような例外を許すのか等々、興味は尽きない。

参考文献

平山輝男　1951『九州方言音調の研究』学界の指針社
木部暢子　2000『西南部九州二型アクセントの研究』勉誠出版
窪薗晴夫　2006『アクセントの法則』（岩波科学ライブラリー118）岩波書店
窪薗晴夫　2008「神様の手帳をのぞく」大津由紀雄編『ことばの宇宙への旅立ち』ひつじ書房、pp.73-109

コラム

自然の音と交流する都市の感性

鳥越けい子 Keiko TORIGOE（青山学院大学総合文化政策学部）

日本の夏の音

夏季休暇でカナダや北ヨーロッパの都市に滞在すると、ふと寂しくなることがある。今（2011年の夏）、この原稿を書いているのは、ロンドン中心部。都心でありながら、大きな樹木がたくさんあるが、そこから蝉の声が降ってくることはない。そんなことを意識すると、日本の夏がいかに蒸し暑いかわかっていても、あの生命感に溢れた「虫の声」が、妙に懐かしく想われる。

この夏は、友人の藤本和典さん主催のシェアリングアース協会による「ヒグラシの声を聴く会：明治神宮／2011年8月4日」のチラシを東京から持参したせいか、そんな想いになおさら強く駆られる。そこには「陽がかたむき始めると、造営年の深い森ならではのヒグラシが鳴きはじめます。懐かしい郷愁を漂わせるヒグラシのコーラスを聴きながら、都会の真ん中で暮らす昆虫や小鳥たちに会いに、すずしい森の中に出かけましょう！」という文章が綴られている。

さて、ここで忘れてはならないのは、

図1　歌川広重作の浮世絵『東都名所　道灌山虫聴之図』

江戸の町の人びともまた、ヒグラシをはじめとする虫の声を楽しむため、夏の夕暮れに、特別な場所に出かけていたということ。それが当時の「夏の習俗」だったということである。

その証拠が、ここに紹介する「道灌山《どうかんやま》虫聴之図《むしききのず》」（図1、2）。道灌山は、現在の西日暮里《にしにっぽり》から田端《たばた》に続く台地の一番高くなったところで、眺望もよく、江戸庶民の行楽地だった。「虫聴きの名所」としても知られていたその一帯は「ひぐらしの里」とも呼ばれていた。

描かれているのは、夏の夜、暗闇のなかにすだく虫の声にじっと耳を傾ける人びとや、かご（写真1）のなかの採ったばかりの虫を一緒に見ている母子の姿。その様子を、地平線にかかる大きな月が、照らし出している。

音を通じて環境との関わりを解く

私が仕事のテーマにしているのは「サウンドスケープ（音の風景）」。専門用語

図２　『江戸名所図絵』より「道灌山虫聴」の挿絵

江戸時代の町名主、斉藤月岑が祖父から３代にわたって書き継いだ『江戸名所図絵』。画中の文章には「文月の末を最中にして、とりわき名にしおふ虫塚の辺りを奇絶とす。詞人・吟客ここに来たりて、終夜その静穏を珍重す。中にも鐘児（まつむし）の音（こえ）は勝れて麗しく…」とある。広重による浮世絵、『東都名所　道灌山虫聴之図』（図１）のもとになっている。

写真１　虫かご

虫を聴く文化はさまざまな「虫かご」を生んだ。細く割いた竹による繊細な作りのものから、この浮世絵に描かれたような竹で作られた檻のような構造のものもある。

としては「個人、あるいは社会によってどのように知覚され理解されるかに強調点の置かれた音環境。したがって、サウンドスケープとは個人あるいは特定の共同体や民族その他、文化を共有する人々のグループとそうした環境との間の関係によって規定される」と定義されている。

つまり、私たちは「サウンドスケープ」という考え方を通じて、地球上のさまざまな時代や地域の人びとが、音の世界を通じて自分たちの環境とどのような関係を取り結んでいるのかを問題とし、それぞれの音環境を個別の文化として捉えなおすことができるようになる。また、そこで問題とする音は、言語や音楽を含む「人工音」のみならず、「自然現象の音」や「生き物の音」から、個々の「音」に留まらない「賑わい・活気」、「しずけさ」、「雰囲気」や「気配」、それぞれの土地に刻まれた「記憶の音」や「イメージの音」にまで及ぶ。

実はこの絵は、1970年代、「音楽」を専攻していた大学生の私が、その研究のテーマと枠組みを「サウンドスケープ」に拡げるきっかけともなったもの。なぜなら、そこには「音楽は音である、コンサートホールの内と外を問わず我々を取り巻く音である」という、アメリカ現代音楽の作曲家、現代芸術の思想家としても知られるジョン・ケージの言葉そのままの世界が描かれていたから。また、この絵を通じて、忘れかけていた自分自身の都市の風景の美学、生活における豊かな音の文化を思い起こすことができるようになったからである。

ここに描かれている「虫聴きの会」とはまさに、江戸時代、自然の音を美的に愛でる都市文化があったということを示している。そのような音を通して自然界と美的に交流する都市の感性を、現代の東京で再生するための新たな方法を模索すること……それが今、私にとっての最大関心事の一つである。

追記

この文章を書いたのは2011年の夏。滞在先のロンドンで、私が「ヒグラシの声を聴く会」のチラシをときどき引っ張り出していたのには、悲しい理由があった。主催のシェアリングアース協会代表の藤本和典さんが、同年の4月、明治神宮での感察会中に脳内出血で倒れ、以来、お見舞いもできない重篤な状態が続いていた。そのため、東京を離れるとき、藤本さんのことがとても気になって、ふとカバンに入れたそのチラシをときどき眺めては、「本来ならヒグラシを聞いているはずの藤本さん、今はどんな音を聞いているのだろう」などと考えていたのである。もともと日本野鳥の会で働いていた藤本さんは、独立後の1993年5月に、シェアリングアース協会を設立。視覚的なイメージの強い「観察会」の「観」を「感」に代え、明治神宮をホームグラウンドに、五感を使った「自然感察会」をほぼ毎月行っていた。また、ほぼ同時期に発足した、日本サウンドスケープ協会でも長年、理事をつとめていただいた。私自身、たくさんの鳥や虫の鳴声を、藤本さんに教えていただいた者の一人である。2014年2月16日、帰らぬ人となった藤本和典さんを追悼しつつ、深い感謝を捧げたい。

京

【第Ⅲ部】

触覚

頬は通り過ぎる風を知り、足の裏は川底の石にくすぐられ、つないだ手は温かい。身体に刻まれた感覚を頼りに人は自然のなかで生きる術を学ぶ。

第1話

さわる文化が生み出す二つの"なみ"

広瀬浩二郎
Kojiro HIROSE（国立民族学博物館）

「さわる表紙」で紙の本の魅力を再発見

2014年12月、『知のバリアフリー――「障害」で学びを拡げる』（京都大学学術出版会）という共編著を刊行した。もちろん、一般に本とは目で読むものだが、全盲の僕は「さわる表紙」「さわる口絵」にこだわっている。これまでに出版した拙著のうち、いくつかには表紙カバーに点字を入れたことがある。その背景には、「せめて書名と著者名だけでも、全盲者が自力で確認できるようにしたい」という僕の思いがあった。

しかし、「さわる表紙」に込められた願いは、障害者対応だけではない。「点字＝さわる文字」を通じて、本の読者である見常者（晴眼者）に、視覚以外の感覚を意識してほしいというのが僕の真の狙いといえよう。「さわる表紙」は、電子書籍では伝えられぬ「触感を味わう読書法」、紙の本ならではの魅力を再認識するツールになるのではないかと信じている。

今回の『知のバリアフリー』では、透明な樹脂で本のタイトル部分を凸文字印刷した。表紙に盛り込まれた視覚情報のすべてを触覚情報に変換するのは難しい。打ち合わせ段階では、表紙デザインの「道」を凸点で埋める案が出された。だが、点の並んだ触図サンプルは抽象的で、僕には「道」とは思えなかった。

タイトルを凸字にするのみでは、イラストのイメージを伝えることはできない。そこで、「知のバリアフリー」の長く伸びる「ー（音引き）」に、パターンの異なる凸点を施すことにした。目で見るだけなら、「ー」は単なる細い一本線だが、それをさわってみると、つるつるからざらざら、細かい点から粗い点へと「ー」の触感が変化する。イラストの「道」の視覚情報を「ー」の触覚情報に置き換えたつもりである。自己満足のレベルなのかもしれないが、僕はこの「ー」に、さわる文化と見る文化の共存を具体化するヒントがあると考えている。「ー」に触れる見常者の指先から、文字どおり「知のバリアフリー」が始まることを期待したい（図1）。

2001年、国立民族学博物館（民博）に着任以後、僕はさまざまな展覧会、ワークショップを開催してきた。ありがたいことに、僕が担当するイベントのチラシには、点字も印刷される。通常、A4サイズのチラシの両面には、イラスト・写真を含め、多種多様な視覚情報が掲載されている。それらを忠実に点訳すれば、5〜6ページの小冊子となる。情報保障の観点に立脚するのなら、触常者（視覚障害者）用に点字版の別冊子を作るという発想も大事だろう。しかし僕は、見常者と触常者が同じチラシを手にすること、点字が読めなくても、さわる文字の感触が見常者に何らかのインパクトを与えることを重視している。

点字入りのチラシはユニバーサルデザインの一例だが、視覚情報を取捨選択して、何をどう点字化・レイアウトするのかについては、マニュアルがない。たとえばシンポジウムのチラシでは、日時、会場、参加方法などを点字で列挙するだけで、他の情報を入れるスペースはなくなってしまう。だから、プログラムなど、詳細は電話で問い合わせるか、ホームページを参照してもらうよう案内する。また、タイトルだけでは何を行うのかわか

図1　『知のバリアフリー』カバーデザイン

りにくいワークショップのチラシでは、点字読者用に簡潔な要約文を載せるケースもある。

「点字ではここに何が書かれているの?」という疑問が、見常者と触常者の会話（異文化間コミュニケーション）を促すきっかけになれば嬉しい。ユニバーサルデザインの追求には、明確なゴールがない。表紙にしても、チラシにしても、「誰もが楽しめる」理想に向けて試行錯誤を積み重ねるプロセスこそが大切なのだろう。

観光・まちあるきのユニバーサル化をめざして

2006年、僕は民博で企画展「さわる文字、さわる世界」を実施した。それ以来、触文化とユニバーサル・ミュージアムの実践的研究が僕のライフワークとなっている。触覚は全身に分布しており、能動性と身体性の両面において、五感のなかでもユニバーサルな感覚だと位置づけることができる。僕は近年、〝さわる〟とは「目に見えない世界を身体で探る手法」であると定義し、〝さわる〃広さと深さを博物館から社会に発信する活動に取り組んでいる。そんな僕の昨今の関心は、ユニバーサル・ミュージアムの理念を観光・まちづくりの分野に応用することである。

２０１４年11月、僕が所属する「視覚障害者文化を育てる会」（4しょく会）で、以下のようなイベントが行われた。このイベントを通して、僕はあらためて「まちにさわる」手応え、ユニバーサルな触文化の可能性を実感した。次に、僕が執筆したイベント案内文から一部を抜粋しよう。

「盲町＝目に見えない町」は切るべからず！
～歩いて、探って、創る大阪の〃まち〃～

「視覚障害者文化を育てる会」（4しょく会）は大阪で生まれた団体です。今後も大阪へのこだわりを大事にしつつ、活動を続けていきたいと考えています。巨人の組織力に対し、選手の個性、個人技がファンを引き付ける阪神の野球。お好み焼きに代表される「安くてうまい」大衆的な食の追求。山盛り一杯よりも、ちょっとずつ二杯に分ける夫婦善哉の発想。これらは、個々の会員が持ち味を活かし、トータルとしてお腹がいっぱいになる会をめざす4しょく会の理念にもつながっています。

4しょく会のモットーは、「人と違うことを人よりも早くやる」大阪町人の心意気です。ご存知のように、大阪は視覚障害者と浅からぬ関係を持っています。日本ライトハウス（視覚障害者の総合福祉施設）、点字毎日（世界にも類例がない点字の週刊新聞）が大阪で誕生したのは、単なる偶然ではありません。大阪の町人たちの自由で開放的な思考、豊かな人間愛がユニークな視覚障害者文化を支えてきたのです。

少し強引なこじ付けになりますが、ここで視覚障害者と大阪の町人気質の共通点を挙げてみましょう。視覚障害者は見て学ぶことが苦手なので、実物をさわって確認する（→大阪町人の実証性、合理性）。視覚障害者は見よう見まねが不得意なので、自身の経験、オリジナリティを重んじる（→大阪町人の開拓者精神）。そして、視覚優位の現代社会において、目が見えない・見えにくい者は常にマイノリティである（→大阪町人の反権力・反体制主義）。そうです、大阪の風土に根ざす4しょく会にも、こういった「マイナスをプラスに変える」町人スピリットが脈々と受け継がれているのは間違いないでしょう。

ライトハウス創設者の岩橋武夫、点字毎日初代編集長の中村京太郎など、先人たちの努力により、視覚障害者は自分の足で〝まち〟を歩くこと（自立と社会参加）ができるようになりました。二一世紀の現在は、見常者（マジョリティ）中心に形成されてきた〝まち〟の問題点を探るバリアフリー、ユニバーサルデザインの時代です。まちあるき、まちさぐりの後に続くのは、視覚障害者の立場から「盲町＝目に見えない町」の魅力を掘り起こし、新たな文化を創造・発信する「まちづくり」なのではないでしょうか。

今回のイベントでは、「空堀まちなみ井戸端会」のご協力の下、触覚・聴覚・味覚など、さまざまな感覚を駆使して、大阪の〝まち〟を味わいます。地下鉄「谷町六丁目」駅の南側一帯は、戦災を免れた古い長屋や石畳、昭和の風情を感じさせる商店街が残る大阪らしい〝まち〟です。「空堀まちなみ井戸端会」は昔ながらの〝まち〟を保存・継承するために、地域住民の知恵と力を結集し、多様な事業に取り組んでおられます。4しょく会の「盲町」体感ツアーとして、以下のようなメニューをご提案いただきました。花鰹・飛魚（あご）だしなど、削り節の香り比べ、味比べ。路地の奥の小さな広場にある水琴窟の音の響きを楽しむ。坂の多い上町台地の地形を足で確かめる。高い建物に遮られることなく、風の流れ、太陽の位置を肌でとらえる。

まちあるき、まちさぐりから、まちづくりへ。見常者たちには思いつかないような「おもろい〝まち〟」を、大阪の視覚障害者の手で創造・発信しましょう！「盲町を 切らずに活かす 大阪人」

晩秋の1日、50名余の参加者が空堀のまちあるきを満喫した（見常者・触常者の割合はほぼ半々だった）。このイベントで僕自身は「盲町」の波を感じた。住民が行き交う路地、商店街には独特の音、においのみならず、人びとが織りなす気配がある。気配とは気配りとも言い換えることができるだろう。白杖を持った触常者の団体がわいわい、がやがや〝まち〟を散策すれば、当然目立つ。「あの人たちは何をしに来たのか」「ぶつからずに歩けるかな」……。〝まち〟が発する好奇心、思いやりが波長となって僕の身体に届いた。

一方、触常者の側から〝まち〟に送られる波も看過できない。まちあるきは触常者にとって非日常の体験である。残念ながら、障害者の観光を気軽に受け入れる環境は、ソフト面・ハード面ともに、まだまだ不十分と言わざるを得ない。それだけに、今回のイベントに対する触常者の意気込みは強かっただろう。彼らの「知りたい、やってみたい」という願望が、〝まち〟を活性化させたのは疑いない。触常者たちの楽しみたい意欲、見常者たちの楽しませたい熱意の相乗効果が、「盲町」体感ツアーを成功に導いたといえるだろう（写真1）。

波と波の相互接触（触れ合い）が観光・まちあるきを充実させるのは確かだが、その図式は梅棹忠夫が提唱した博物館展示における「モノとの対話」に類似している。展示資料の背後には、それ

写真1　「盲町」体感ツアー（2014 年 12 月撮影）
　白杖で銀杏の木の高さを探る。時に白杖は触常者の「長い手」ともなる。

を創り、使い、伝えてきた人間集団、そして文化が存在する。一つひとつのモノ、およびモノとモノのつながりが醸成する「目に見えない物語」をどれだけの来館者が共有できるのか。ここが博物館展示の眼目、学芸員によるギャラリートークの要諦だろう。〝さわる〟鑑賞法がユニバーサル・ミュージアムにとって有効であるのと同様に、観光・まちあるきでも〝さわる〟身体感覚を導入すれば、「盲町」にアプローチできるに違いない。

「盲町」体感ツアーでは、「人並み」なウェイ・オブ・ライフを具現できたのも大きな収穫だった。そもそも、「人並み＝普通」とは何なのか。やや抽象的な言い方になるが、4しょく会が目標とするのは「障害者と健常者の平等な関係」ではなく、「触常者と見常者の対等な関係」である。今回のイベント参加者の間には、目が見える／見えない、あるいはしてあげる／してもらうという優劣・強弱の尺度、一方向の支援の構図はなかった。

たしかに、まちあるきで得る情報の量では、明らかに見常者が触常者よりも勝っている。だが、見常者が入手する視覚情報とは、じつは広くて深い「盲町」のごく表面的な部分でしかない。本の表紙やチラシと同じように、重要なのは情報の質なのではなかろうか。〝まち〟は障害の有無を超えて、万人を「人並み」にする。十人十色の生き方、世界観を尊重しあう「まちなみ」（まちの波と並み）の潜在力を僕は空堀で確信した。

人・物が発する「目に見えない波」を身体でとらえる感性。量の平等を求める情報保障ではなく、質の異なる情報の価値を認め、異文化の対等な交流を育む「人並み」の思想。この二つが触文化の特徴である。これからも触文化の概念を拡大・深化させて、「知のバリアフリー」を志向する学際的な研究を続けていきたい。

参考文献

広瀬浩二郎編著　２０１４『世界をさわる――新たな身体知の探究』文理閣

第 2 話

局地風と人びと

吉野正敏
Masatoshi YOSHINO（筑波大学）

風のスケール

毎日の天気予報は、つまるところ、風の流れが基礎である。偏西風とか、ジェット気流とか、地球規模の大気の流れをマクロスケール（グローバルスケール）の風というが、これにまず支配される。次いで、毎日の新聞やテレビの画面は東アジアの部分の高気圧・低気圧の配置をみせてくれるが、このような地域範囲の気圧配置によってきまる風をシノプティックスケールの風といい、これに支配される。これを地域スケール（リージョナルスケール）の風ともいう。水平距離で数百キロメートルから千キロメートルのオーダーとしてよかろう。

さらに狭い地域、たとえば、関東平野とか、紀伊山地とか、奈良盆地くらいの地形単位の風を局地スケール（ローカルスケール）の風という。メソスケールの風としてよかろう。今回はこの数キロメートルから数十キロメートルのスケールの風、局地風と、人びととの生活とのかかわりについて述べてみたい。

なお、マイクロスケール（小スケール）の風として、数メートルから数十メートルの範囲、たとえば大きな建築物の角で起きるつむじ風・ビル風などがある。室内の風などは人間生活の場に直結しているので重要である。

横軸に水平距離をとり、縦軸に時間をとって、風の時空間スケールを示すと図1のとおりである。大まかには、横軸・縦軸ともに対数目盛をとってその範囲をのせると、直線関係にある［吉野、２００８］。

大中小のスケールは右に述べたような水平的な距離でほぼあらわせる。もちろん高さも大スケールの現象は高く、小スケールの現象は低い。日本人は古くからこの区別を的確にとらえていた［吉野、２００８］。〝天かける大空〟という表現で、高気圧に覆われた澄み渡った青空をとらえた。おそらく高さは巻雲《けんうん》が薄く漂う数千メートルくらいであろう。次いで、中空《なかぞら》という表現。子どもたちが5月によく歌う〝鯉のぼりが泳ぐ空〟が代表的で、数メートルから雨雲が流れる数百メートルの高さの空間の風をとら

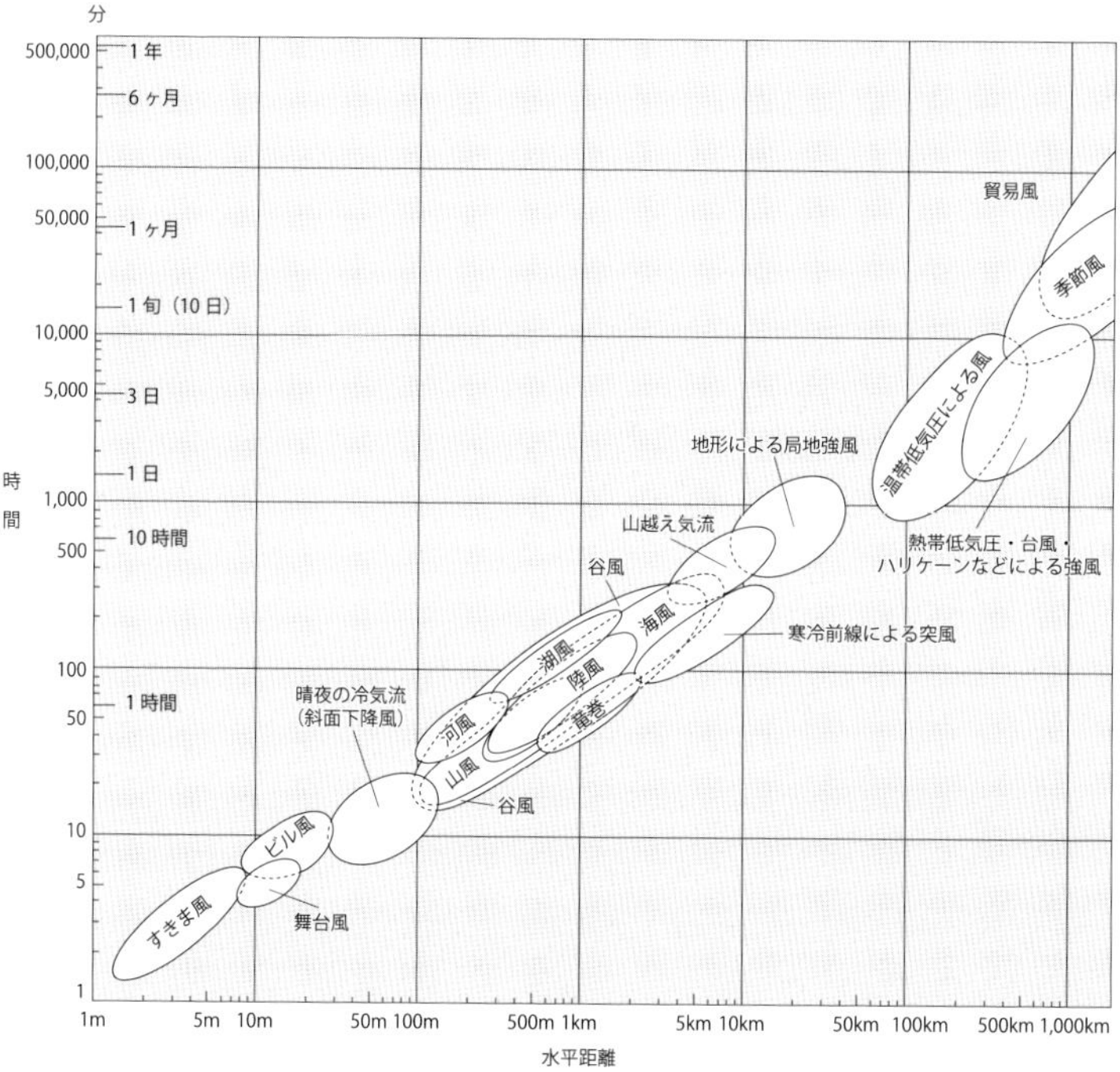

図1　風の空間スケールと時間スケールとの関係［吉野、2008］

えた。
〝おおぞら・なかぞら〟はあっても、小空《こぞら》という表現はなかった。しかし認識はあって、〝上《うわ》の空《そら》〟という表現が古謡にある。羽衣伝説に出てくるように、松の木の梢の高さくらいまでの空間、地上から数メートルから10メートルくらいの高さの風がかかわる。そして興味あるのは、この風が吹く大気層の下限は人間の耳の高さより高い。いいかえれば、〝耳に入らぬ〟という意味に転じた。これが〝うわのそら〟に関する私の見解である。さらに付け加えるならば、人間の耳は情報を運ぶ風に対して塞がれているのと同然なので、〝どうした風の吹き廻しか……〟と表現したり、〝家庭内のすきま風〟に気づかなかったりするのではあるまいか。

日本の局地風

日本は島国で長い海岸線を持ち、地形が複雑で、2000～3000メートル級の山や、狭いながら盆地や海岸平野が並ぶ。このような地形は場所に固有な風系をうみだす。谷間では夜間には山風、日中には谷風が吹く。海岸では夜間は陸風、日中は海風が吹く。湖岸では日中は湖風が吹く。それぞれの風の時空間スケールは図1を参照していただきたい。

日本の局地風の分布は図2に示すとおりである[吉野、2008]。九州・中国・四国では台風がきたときに発生する局地風が多い。関東平野では冬の季節風にともなうからっ風が卓越する。富山・新潟・山形・秋田などでは〇〇ダシとよばれる山風が発達する。ダシとは、谷の上流部から海岸平野に風が吹き出すからだとか、海岸で漁港から漁師が船を出すからだとか言われているが、その両方ともあるように思う。

背後は山間部で、風下は平野か水面のような地形配置の場合、背後の脊梁山脈を越した、いわゆる山越え気流がフェーン現象によって昇温・乾燥した特性をもって吹き降りてくる。これが〇〇お

図２　日本の局地風の分布［吉野、2008］

注：この図は“局地風”の分布を示すものであって、地方的・局地的な“風の名”の分布を示すものではないことに注意されたい。この図で興味があるのは、図中、異なる矢印で示したが、①台風・強い温帯低気圧の通過する場合、②冬の季節風が山脈の風下平野で強風となる場合、③内陸の盆地で形成された冷気湖から流出する場合に、顕著な局地風が分類されることである。

ろしとよばれる。日本の場合、かならず○○と言う山の名を付けて呼ぶ。関東平野にはたくさんの例がある。筑波おろし・赤城おろし・榛名おろし……など。ただし、局地気候学的に正確にいうと、それぞれの山の山頂から吹き降りてくるわけではなく、上越国境の峠を越えて関東平野に吹きだしてきた冬の季節風がそれぞれの山麓で発達したものである。であるから、歌に、江戸の隅田川で〝筑波おろしの風が吹く〟とでてきても、江戸から見る筑波山の方向と、江戸における筑波おろしの風向とは多少異なるのである。

ここで強調しておきたいのは、図2は、前節で述べた時空間スケールで定義される局地風の分布である。風の地方名（局地名）の分布ではない。柳田國男・関口武が収集した日本の風の地方名はきわめて多数に及び、それを基礎にして民俗学・地理学の研究成果が発表されている。その内容についてはは今回ふれないが、風の地方名とは何か簡単にふれておく。

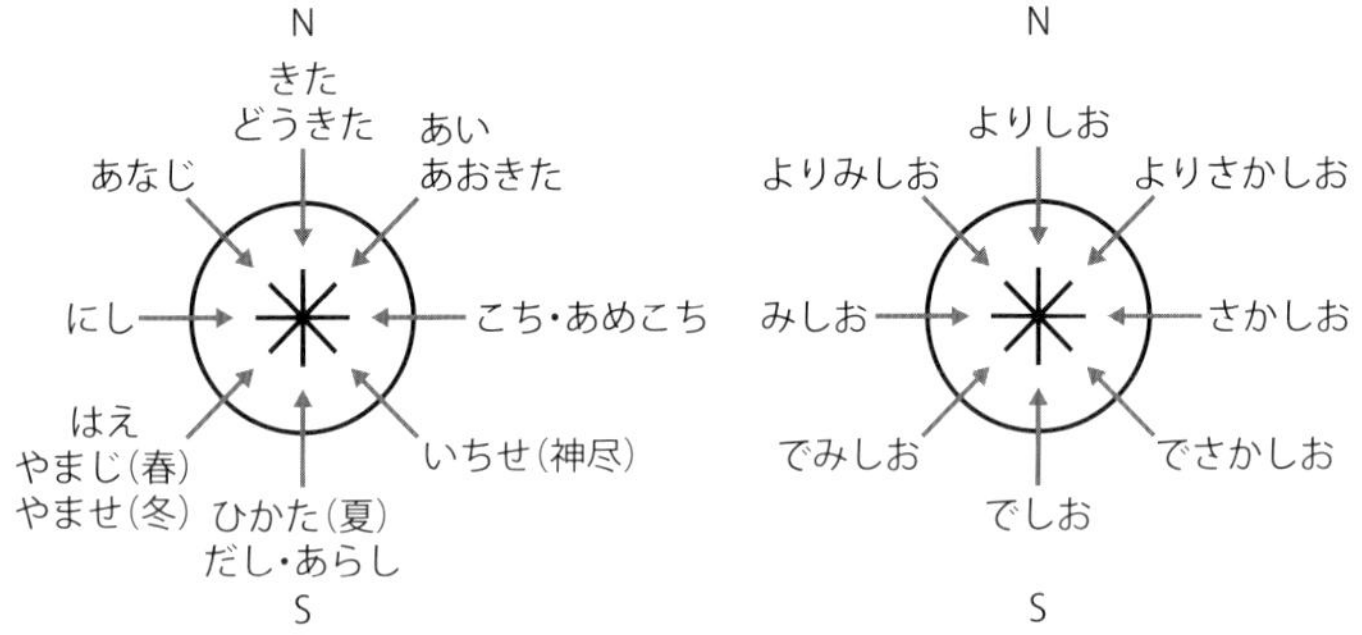

図３　鳥取における風の地方名（左）と潮流の地方名（右）
［岩永実原図、鳥取市、1983による］

鳥取の例を紹介したい。鳥取市が編集した市史［鳥取市、1983］によると、図3のとおりである。沿岸の潮流は風向とともに変化し、出港・帰港はもとより、漁撈活動や海難とも関係するので八方位でとらえられ詳しい。鳥取で最も恐れられていたのは、北風のきた・どうきた、北西風のあなじ、南西風のやまじ・やませであった。小型漁船は風速毎秒7〜8メートルで大きな制約を受ける。潮流ではみしおがよいとされ、貝漁ではさかしおがよいとされた。

このように、八方位別に風の名称が全国各地にそれぞれ伝えられている。これが風の地方名である。風の地方名は日本では沿岸漁業を主とした漁民の生活と密接にかかわっているので、各地特有の地方名が維持された。同じように農業地域では農民による種々の風の地方名が伝えられている。

世界の局地風

世界の局地風のなかで、最も有名なフェーンは、ヨーロッパアルプスで山の斜面を吹き下ろす昇温・乾燥した風である。

地中海地方は冬、低気圧が頻々と発生し東進する。この低気圧に向かって北からアルプス山地を越えて南下する気流は山地の南側でフェーン現象を起こす。いわゆる北フェーンである。春になると低気圧はアルプス山地の北側でも発生・発達するようになり、今度はこの低気圧に向かって南からの気流がアルプス山地を越してその北側にフェーン現象を起こす。いわゆる南フェーンである［吉野、１９９９］。

この局地的な風は、谷の大きさ・方向などによって、谷間で特に発達し強くなる。フェーンがよく吹く谷は積雪が早く溶け、農作業も春早くから始められるので、作柄も上がる。オーストリアにはフェーンガッセ（フェーン通り）という名も生まれるほど、農家の生活もよくなる。

オーストリアのインスブルックにおける研究では、フェーンが吹くと、体調不良・食欲不振・精神不安定などの症状を起こす人が増えるという。また、職場での作業能率が低下するという報告がある。さらに、自殺者数が増加するという報告もあるが、これは現在、統計的に有意でないということになっている。これらの症状を起こす原因は低気圧の接近による気圧の急激な低下と考えられている。フェーンが吹くときには暖房・炊事の火も使ってはならない。富山県の井波風が吹く集落でも同様に厳しいおきてがあると聞いた。

写真１　風下波動（北岩手山岳波）による雲（2010 年 11 月 11 日 16 時、盛岡市の西郊外にて）　撮影：筆者

気流は画面の奥から手前に吹く。すなわち、風上（西）に向かって撮影している。画面上、最も遠方で左右（南北）に長く上面が滑らかな雲堤がフェーンマウアー（図４のＥ）、画面中央の黒雲、やや遠方のレンズ状の雲は波頭の雲（図４のＩ、Ｋ）である。

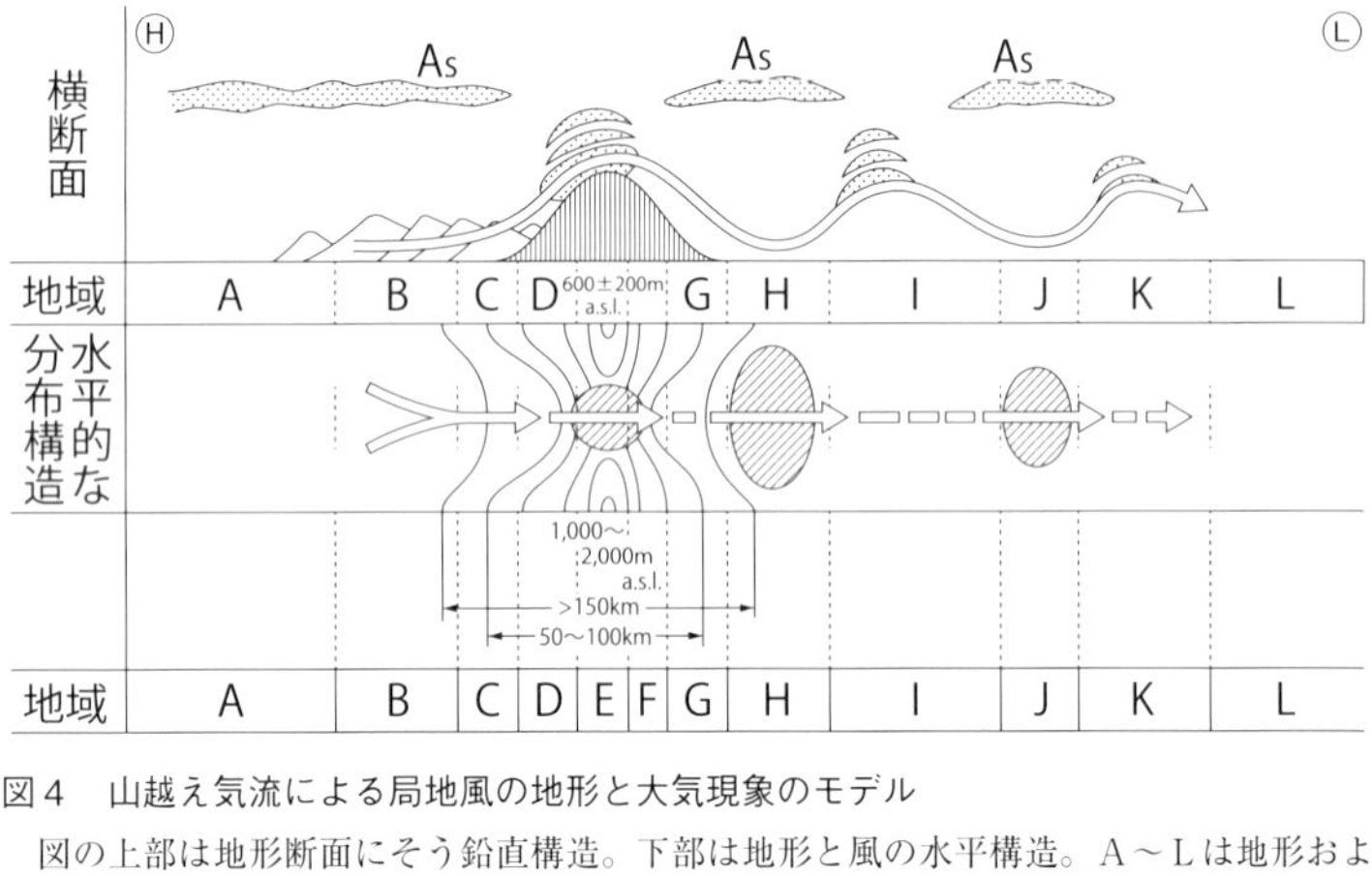

図４　山越え気流による局地風の地形と大気現象のモデル

図の上部は地形断面にそう鉛直構造。下部は地形と風の水平構造。Ａ～Ｌは地形および風が特徴ある状態で区分した。

表１　図４のＡ～Ｌにおける地形の条件、天気と局地風の特徴［吉野、2008］

地域	地形の条件	天気と局地風の特徴：雲	天気と局地風の特徴：降水	天気と局地風の特徴：地面付近の風
A	平野または水面、ただし必要条件ではない。	高気圧または高圧部付近にはない。	なし	弱い。
B	山脈の走行に直角に走る大きな谷があり、その両側は高度数百ｍの丘陵地帯。	上空約２０００ｍには高層雲があることが多い。	なし	谷の中は弱いがやや上空では谷に向かって気流が収れんしてくる。
C	風上斜面の山ろくの丘陵地帯には気流が収れんする谷がある。	高層雲は切れ始める。	なし	谷の中は弱い。上空では谷に向かって収れんした風が強くなる。
D	風上斜面で、峠に向かって谷が刻み込まれている。	地面付近に霧・雲がかかる。この部分を遠望すれば地形性の雲がかかっている。	降雨または降雪。	強い。
E	高度６００±２００ｍの峠がある鞍部。その両側は１０００～２０００ｍの山脈が長く連なる。	地面付近は霧・雲に包まれる。風下から遠望すれば山頂には「風枕」、「フェーンマウアー」上空にはレンズ雲がある。高層雲はない。	降雨または降雪が強い。	非常に強い。山鳴りがする。
F	風下斜面で、傾斜は地域Ｄより急である。	斜面に沿って急に消える。	雨滴または雪片が飛んでくる。	地面付近は弱い。
G	風下斜面の山ろく急に平野か水面に連なる。	上空には青空がみえることが多い。	なし	弱い。地域ＧとＨの境界は明らかで風速が大きくなると風下へずれる。
H	山ろく平野または水面。	上空約２０００ｍには高層雲があることが多い。下層には雲はない。	なし	非常な強風。乱れも強い。強風域の中心は峠から４～30㎞の範囲。
I	平野または水面。	１０００～１５００ｍ上空にはレンズ雲、吊し雲、ローターまたはやや低くには跳び上るような積雲。	なし	弱い。時には逆方向の風が吹く。
J	平野または水面。	上空には高層雲があり、下層には雲がない。	なし	強い。強風域は地域Ｈより狭い。
K	平野または水面。	地域Ｉの次の波がしらだから、雲は不明瞭になる。	なし	弱い。
L	平野または水面。	低気圧または低圧部に近くなると雲は厚くなり、雲底は低くなる。	低気圧性の降水。	次第に低気圧周辺の風系になる。

カナダ西部のシヌックも有名な風である［吉野、1989］。カナディアンロッキーはほぼ南北に走るので、西風が吹き越してその東山麓に昇温・乾燥した、シヌックと呼ぶ風をもたらす。シヌックが吹くと積雪はアッと言う間に消えてしまう。ある研究によると、積雪（固体）は融雪（液体）の状態を経ないで、大気中に昇華してしまう（気化してしまう）という。シヌックをスノーイーター（雪喰いさん）ともいうゆえんである。

シヌックの語源は二つ考えられる。一つは、シヌックはインディアンの言葉でスノーイーターを意味する。もう一つはインディアンの一種族であるシヌックインディアンの居住地域であった山の方からプレーリーへ吹き降りてくる風だから、プレーリーに初めて住みついた人たちが名付けたのであろうという。

シヌックが吹いて地面から雪が消えるとすぐに緑の草が芽生える。ロッキー山脈の東山麓を東に向かって走る馬車の前輪は雪の上を走り、後輪は草の上を走ると形容される。若草前線の移動速度が馬車の速度と同じだとしたら非常な速さである。

この他、カナダのシヌックやアメリカのコロラドのシヌックと人びとの生活に関しては、拙著に詳しく紹介してある［吉野、1989］。

局地風と風下波動

以上に述べた局地風は山脈の風下側の山麓で発生している。ほとんどの場合、上空の気流と山脈の走行とがほぼ直交している。シヌックの場合も同様である。そこで、風上から風下までの模式図を図4にしめした。風上Aから風下Lまでの各部分について、地形条件と天気・局地風の状態を説明してある。ここで重要なのは風下の波のHの部分が地面付近の局地風が最も強いところだが、波は第2、第3とあることである。この波頭には雲ができている。詳しい説明は別にある［吉野、2008］。この雲は山脈DEの走行に並行して現れ、大きく長いので、われわれは地上から観察することができる。写真1は2010年11月11日16時に盛岡市西郊外にて撮影した波頭の雲である。晩秋から冬を越して初春まで冬の季節風が発達する気圧配置のとき、東北地方は西風が卓越する。この時写真1のような雲がよく発生する。非常に典型的な山岳波で、私は〝北岩手山岳波〟と呼びたい。同じ日の午前に別の地点で撮影した結果は別に報告した［吉野、2013］。

　図4は左が日本海側、右が太平洋側の場合で、いいかえれば北を向いて描いたモデルである。年間の出現回数も多い。ところが、出現回数もまれ、出現する季節も晩春から夏が主であるが、左が太平洋側で右が日本海側になるような場合（南に向かって描いたモデルの場合）がある。偏東風（やませ）が吹いて三陸沿岸から冷たい東風が東北地方内陸に入り込み冷害を引き起こす。このような場合、HまたはIが田沢湖付近の位置となり、図2で〝生保内《いぼない》だし〟といれてあるが、フェーン現象によって昇温・乾燥した風となる。稲作は冷害から免れるので、現地の人たちは宝風と呼ぶ。

　紙面の都合で気候地名の話は今回は省くが、図4のEに〝風越峠〟（全国に十数カ所ある）、Hに〝ならいはら（北風原）〟（千葉県房総）など、風地名は局地風と結びつくものが多い［吉野、1997、2001］。

参考文献

鳥取市　1983『新修鳥取市史　第一巻古代・中世篇　第四節気候』
吉野正敏　1989『風の世界』東京大学出版会
吉野正敏　1997「気候地名をさぐる」学生社
吉野正敏　1999『風と人びと』東京大学出版会
吉野正敏　2001「気候地名集成」古今書院
吉野正敏　2008『世界の風・日本の風』成山堂
吉野正敏　2013『極端化する気候と生活』古今書院

第3話

風の名前と民俗

安室　知
Satoru YASUMURO（神奈川大学大学院歴史民俗資料学研究科）

はじめに

風が日本の自然的風土に与える影響は大きい。和辻哲郎《わつじてつろう》の風土論において、日本が季節風に基づいた風土類型である「モンスーン」に分類されていることを見ても、それはうなずける［和辻、1935］。日本の民俗にとって風は単なる自然現象ではない。民俗文化を形成する一つの重要な要素であり、それは人びとの日常的なくらしのレベルにおいて重要性を増すことになる。そうしたことを象徴するのが、風に名付けをするという行為である。

だからこそ、民俗学者の柳田国男《やなぎたくにお》は風名に関する民俗研究の必要性を以下のように説く［柳田、1958］。

「日本文化の移動は陸地を歩いて北の端まで行ったように考える人もあるが、昔の日本は山が険しく陸路の交通は困難であった。事実日本海側の海上交通は早く開かれて津軽海峡を通り越し、少し太平洋側にでてから、東側を北に上ってきた文化と出会っているのである。このような古い日本文化の移動の跡を知るには海岸の研究をしなければならず、それには風の名前からはいっていくがよいと私は思っている。」

海上を渡ってくる風や山から吹き下ろしてくる風に対して、特別な名前が与えられることはよく知られている。風に対する命名行為が存在するということは、それだけ風に敏感にならざるをえなかったことの証明でもある。当然、命名された風は、東西南北の方位だけでなく、さまざまな意味や感情が込められることになり、その風を読むことで他の自然現象を予測したり占ったりする技術を発達させた。

日本の場合、内陸の村に比べると、海付きの村（海に面した村）の方が風の命名は盛んである。そのなかでも、とくに漁により生計を立てる村では「日和《ひより》を見る」とは風を読むこととほぼ同義であるといってよい。

天気の予測

気象庁により現在のようにきめ細かく気圧配置が示される以前は、漁師は風や空の様子を見てその日一日の天気を判断したが、そうした勘のほうが科学的な天気予報よりも当たるという自負心を漁師はみな持っていた。現在でも気象庁の発表する天気予報を参考にはしていても、最終的には自分の考えにより漁に出るかどうかを決めるという漁師は多い。

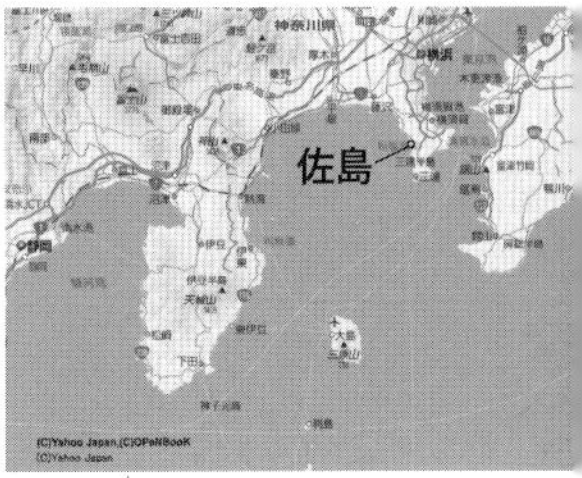

図1　佐島の位置

写真1　海からみた佐島

三浦半島西岸にある村、佐《さ》島《じま》（神奈川県横須賀市）（図1、写真1）では、かつて冬になると毎日のように、漁師はみな集落前の浜に出てはヤマ（島）をみたという。そうして、これから吹く風や波の様子を予測し、漁に出るかどうか判断した。一人で海に行くことが多い磯漁のような小職の場合、何かトラブルに見舞われたとき、すべてひとりで対応しなくてはならない。そのため、出漁には細心の注意が必要で、それを判断する決め手として天気の予測はとくに重要な意味を持つ。

漁師が天気を予測する場合、風を中心に、雲そして雨はそれぞれ相互に関連して認識されている。風が雲や雨をもたらすものと語られたり、また反対に雲が風や雨の前兆として受け止められたりする。こうした風と雲と雨の相関は、海付きの村に暮らす人びとの自然観をよく表している。

佐島では、西方つまり相模湾越しに山をみて天気の予測がなされてきた（図2）。民俗知識に基づく天気予測にはもっぱらタカヤマ（高山）が用いられるが、中でも佐島では富士山と三原山（伊豆大島）が重要である（写真2）。ともに佐島からは海の向こうに望まれる山である。それに対して、東方つまり集落の背後に望む大楠山や武山はもっぱらヤマアテ（山当て）に用いられる（写真3）。

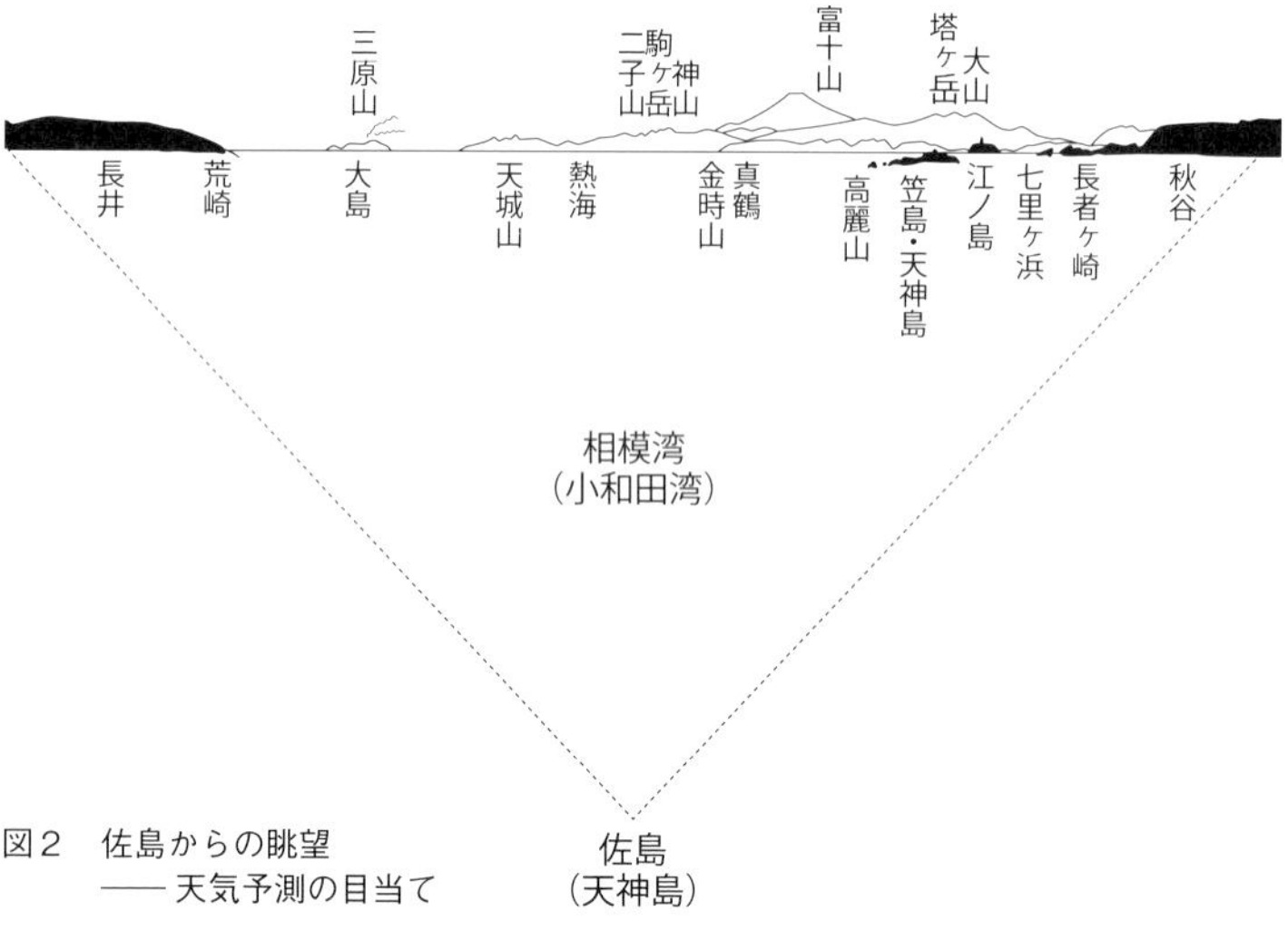

図2　佐島からの眺望
——天気予測の目当て

大楠山や武山は集落から4キロ程度しか離れていないため、漁に出るときはいつも見えている山である。曇が掛かる（山が見えなくなる）ことで判断される天気予測のための山（富士山や三原山）と、見えなくなっては用をなさないヤマアテのための山（大楠山と武山）との違いである。

良い風、悪い風
——1日ごとの風予測

風の吹き方には節目がある。佐島では、風は1日で止まないと3日続き、3日で止まないと5日、5日で止まないと7日、それで止まないと幾日吹くかわからないという。奇

写真２　三浦半島から望む富士山（佐島）

写真３　集落の背後に聳える大楠山

数日で風は変わることに根拠はないが、何となく当たっているとされる。そうしたある種の法則性が、風の吹き方をみて季節の変わり目を判断したり、11月中の2週間をみて次の年の天気を判断したりするオキテにもつながっている（後述）。

三浦半島西岸にある佐島では、一般に西から南に掛けての風が悪いとされる。沖から吹く風となるためである。なかでも伊豆半島から相模湾を渡って吹いてくるニシノカゼは最も嫌がられる風である。それに対して、北から東に掛けての風は陸（三浦半島内部）から吹き出す風となるため漁にはさほど影響はない。同じ三浦半島でも東岸となる東京湾側では、佐島で影響のない風とされるナレエやコチが怖い風となる。

図3を見ると、東から南にかけてとその裏返しで西から北にかけて風名が多く設定されていることがわかる。こうした風の異称のあり方をみても、南東ないし北西の風に佐島の人びとはより敏感であったことがわかる。それは第一義的には、漁お

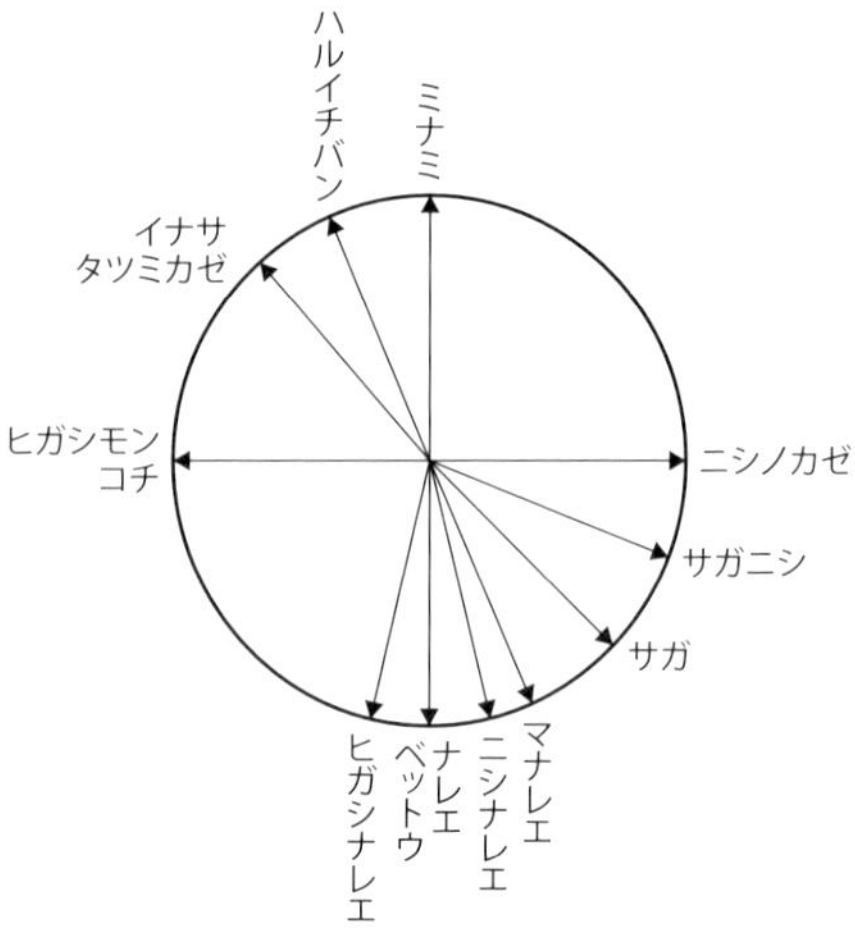

図３　佐島の風名

よび海上での安全に直結する風となるからである。

　風を知るだけでなく、風を予測する、または風で予測するという感覚を、佐島では発達させている。最も象徴的なものとしては台風の進路と風との関係がある。台風が相模湾を北上（佐島の西方を通過）するときには、風は時計回りに風向を変えていく。はじめにナレエが吹き、次にアテカゼになり、すぐにイナサに変わる。イナサの時が最も風が強くなる。その後、ミナミになり、台風が佐島の西側を通過するとき、最後にベットウが吹くが、このときまた風が一段と強くなる。そして、後は段々に風が収まっていく。このように、風の吹き方をみることで、台風の位置を刻々とイメージすることができる。

オキテ（沖風）――1年の風予測

　佐島を含む三浦半島西岸では、かつてオキテがさかんに行われていた。オキテとは前年のうちに次の1年間の風を占うものである。オキテは、前年の旧暦11月1日から24日までの天気をみて占うもので、2日間を1カ月に見立てている。たとえば、旧暦11月1・2日が、翌年の新暦1月に相当し、順に3・4日が2月、そのように占っていくと、旧暦11月23・24日が12月ということになる。

　11月は夏と冬の季節の境目と認識されており、風や雨、寒暖といった気象条件が多様に変わるときだとされる。そうした多様な変化が次の年の天候を予兆する。実際、佐島では「オキテが始まると寒くなる」とされ、旧暦11月初旬（1～4日ごろ）は急に寒くなり、それは来年の1・2月を象徴する。また、そのうち、11月半ば頃は小春日和のような天気になり、それはちょうど8・9月の夏の頃だとされる。

　三浦半島西岸の漁師なら、みなある程度はオキテをみることができる。抜きん出てオキテの上手な人（引退した漁師が多い）が村ごとに1人くらいはいて、評判になると、その人のもとへ三浦半島各地から来年の天気を教えてもらいに人びとがやって来る。なかには、オキテにより占った天気予報を紙に書いて、50円から100円程度で売る人もいた（図4）。買い求めるのは、主に半島内部の農家である。

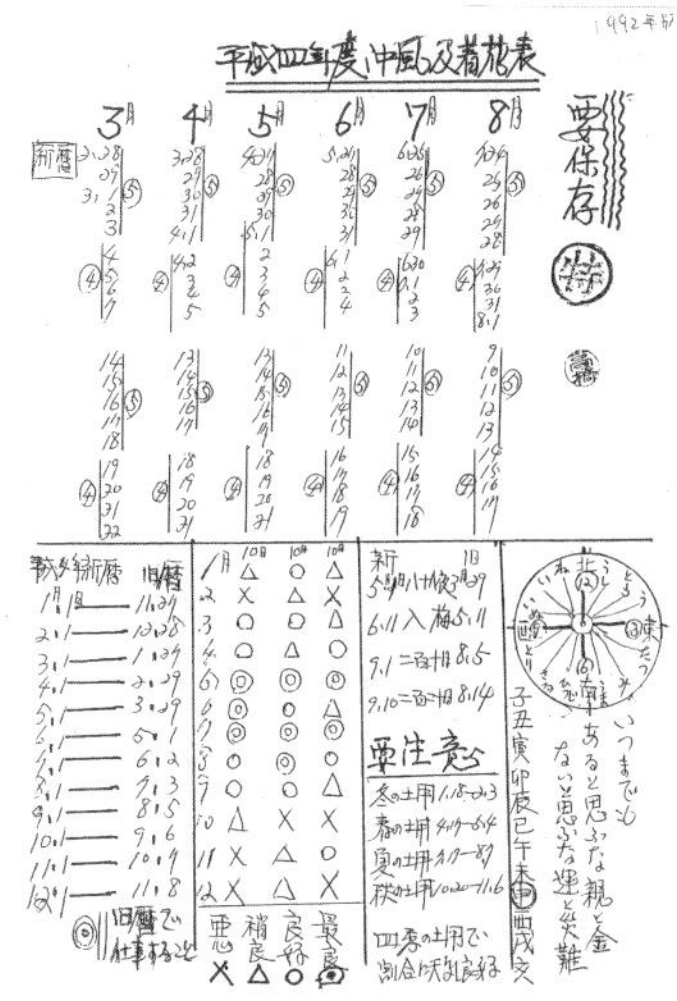

図4　売られるオキテ（沖風）

　多くの漁師はオキテはあくまで来年の目安にすぎないという。漁師は、1日ごとに風や雲の様子をみて、その日の漁の可否を決めているので、いわば長期予報であるオキテにより日々の漁が影響を受けることはない。

　それに対して、農家は金を払ってでもオキテを買い、それにより来年の作付けの計画を立てたりする。オキテは明らかに農にとって意味がある。とくに三浦半島西岸は海に向かって台地が広がっており、普段は日照時間が長く温暖なため野菜栽培には適している。しかし、大風など嵐が海からやって来ると、まともにそれを受けてしまい台地

写真４　磯漁の一つミヅキ

上の作物が全滅することもある。そのような立地の畑を「イナサ（風名）向きの畑」といい、半島西岸の台地には多くあった。そのため、嵐が予測される時期には、あらかじめイナサの影響の少ないヤト（台地に切れ込んだ浅い谷）の畑に作物を多く作っておいた。そして、オキテが当たりイナサ向きの畑が全滅したりすると、野菜の売値が高騰し、ヤトで作った野菜で大儲けすることもあった。

風と生活の組み立て

三浦半島西岸は台地が海に突き出た形になっており、そのため海岸線には岩場を中心とした磯根《いそね》が発達している。そうした磯漁地帯にある村の場合、漁師とはいっても実際には田畑を持つ〝百姓漁師〟であり、また同時に農家とはいっても海に出てミヅキ（写真４）のような漁撈・採集を行う〝漁師百姓〟であった［安室、２０１２］。比重のかけ方に違いがあるだけで、農と漁の複合生業を基盤とする農漁民という性格は共通している。そのため、漁師を自称していても野菜を作っては売る家も多くあるわけで、オキテの必要性はそうした農漁民にこそあったといえる。漁のときは毎朝風や雲の様子を見て判断し、農の場面では長期予報であるオキテに応じて対策を立てる。それは農と漁という異なる生業を組み合わせるがための自然認識のあり方といえよう。

また、オキテはその当否よりもむしろ来年に向けての心構えを示すものとなる。漠然と何も考えず畑に作物を植え付けるのではなくオキテをみながら来年の戦略を練ることは農漁民にとっては重要である。本来、漁ほどはギャンブル性のない農だけれども、イナサを読むことで農により思わぬ大金を得ることもある。そうした期待をもって来年の農に臨むのはいわゆる漁師気質にも合っている。オキテは漁のような大当たりのギャンブル性を農にもたらすものとして、多くの農漁民の心をつかんでいたといえよう。

そのように、農と漁を複合した生計活動を行う三浦半島西岸の農漁民にとってオキテは、生計維持のうえで、またともすると単調で地味な農作業におもしろみをもたらしてくれた。そして、そのことは中世には鎌倉、近世には江戸・浦賀、そして近代に入ってからは東京・横浜・横須賀といった大消費地をつねに間近にひかえた三浦半島西岸の立地とも関係している。金銭収入源としての魚介や野菜は、商品として大都市に直結し、それは時に大もうけをもたらすものとなりえたからである。

撮影（写真１～４）：筆者

参考文献

安室知　２０１２『日本民俗生業論』慶友社
柳田国男　１９５８『故郷七十年』（『定本柳田国男集別巻３』所収、１９７１）筑摩書房
横須賀市　２０１３『新横須賀市史　別編民俗』横須賀市
和辻哲郎　１９３５『風土』岩波書店版（１９７９）

コラム

触覚に秀でた人びと、触覚を楽しむ人びと

安井眞奈美
Manami YASUI（天理大学）

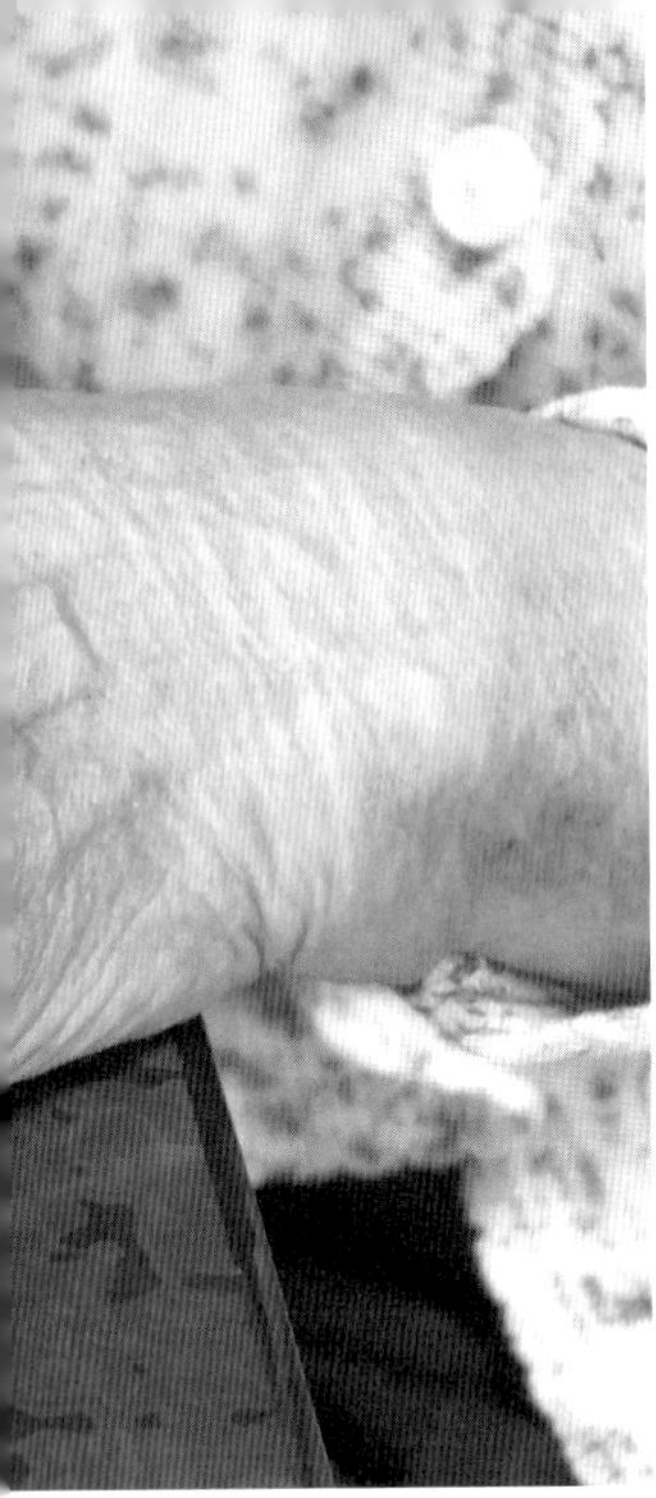

助産師の手の技

子どもに人気のおもちゃに、スライムという物体がある。糊に絵の具を混ぜて手作りもできる。手に載せるとツルッとして粘り気があり、指の間からゆっくりと滴り落ちる。しかも、手にベタつかない。子どもたちはこんな感触が大好きである。

人間の五感は、視覚、聴覚、嗅覚、味覚、触覚の五つからなるが、現代社会で圧倒的に優位に置かれているのは視覚である。文字や動画など、多くの情報は視覚によって得られるからだ。だからと言って、決して現代人の視覚が鋭くなったというわけではない。むしろ、常時インターネットなどを使用するようになったため、両眼はつねに刺激に曝され、視力は落ちている。それはとくに、携帯型ゲームに興じる子どもたちに顕著である。

では、触覚はどうだろうか。外界で起こった刺激を、皮膚で感じ取るのが触覚である。視覚だけではなく、手の触覚により、物事を判断するのに長けた職業の人びともいる。

たとえばそのような職業の一つに、助産師が挙げられる。かつて「産婆さん」

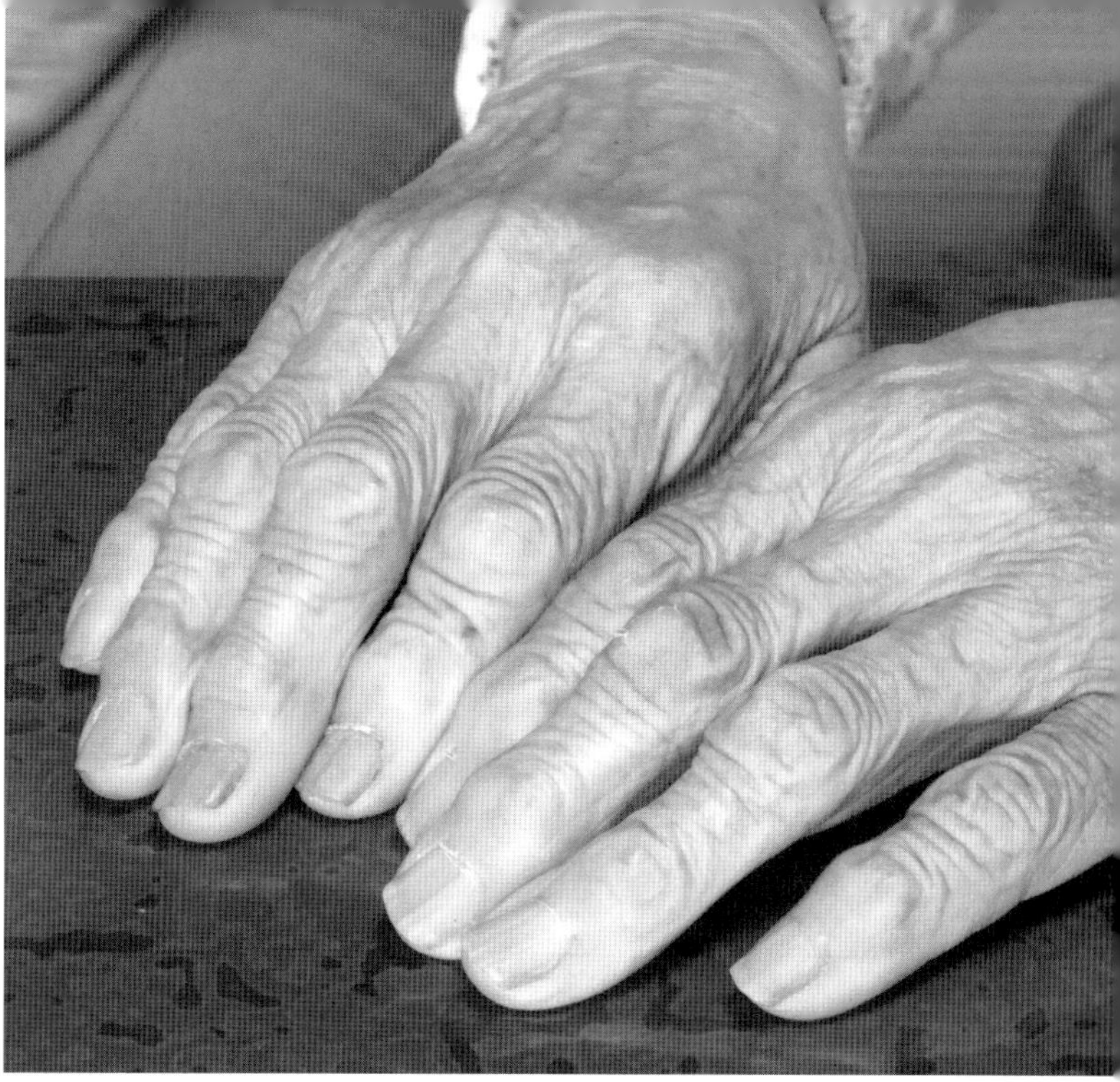

写真１　助産師　高橋あや子さんの手

高橋さんは、大正 12（1923）年 3 月 27 日生まれ。産婆になりたくて、昭和戦前期に親族のいた南洋群島パラオにわたる。帰国後、東京助産女学校で学び助産婦に。2013 年 7 月、民俗学者の鈴木由利子さんと高橋さんを訪ね、当時のパラオの助産について話を伺った。［鈴木由利子、2012「大崎耕土の産婆たち――パラオでの産婆見習いを経て」『東北民俗』46 参照］

と呼ばれ、自宅で赤ちゃんを取り上げた助産のプロたちである。助産師は、明治時代に産婆としてその資格が明確化されたときから、医療行為が禁止されてきた。産科医が用いるような医療器械は、万一のときを除いて使用することはできなかった。それゆえ、産婆の頼りとなるのは、知識と経験、そして自らの手の触覚であった。出産時、胎児の頭が出てくる際に、妊婦の会陰《えいん》が裂けてしまうことがある。産婆はそうならないように、会陰をうまく手で押さえて会陰保護を行った。そのような「手の技」は、産婆の命とされた。また、胎児が頭を回転させながら産道を通ってくることを「回旋」というが、産婆はそれも手で感じ取りながら、胎児の動きを把握して助産したのであった。

　助産師は赤ん坊を取り上げ、その後、母体から胎盤が出てくるのを待ち、臍の緒を切って産後の処理をする。現在では臍の緒から臍帯血が利用され、また胎盤

写真２　山口県下関市赤間神宮にある耳なし芳一の堂

1185年（寿永4）3月24日、壇ノ浦の合戦にて入水した安徳天皇を祀る赤間神宮には、平家一門之墓とその側に耳なし芳一の堂もある。耳なし芳一の木像は押田政夫氏の作で、1957年（昭和32）に堂内に収められた。

から栄養素を取り出したプラセンタは、美容液としても注目されている。そのような栄養たっぷりの「身体の一部」につねに接しているからなのか、助産師の手は若々しい（写真1）。

触覚に秀でた職業は助産師の他にもたくさんある。たとえば、視覚に障害のあった人びとはかつて「盲人」と呼ばれ、中世以降、幕府の公認で琵琶や鍼灸、箏曲などの「当道」という組織を作り、それらの職業を専有化した。あん摩や鍼灸などは、視覚よりも触覚を研ぎ澄ますことが重要であったからだ。また、小泉八雲が『怪談』に取り上げた「耳なし芳一」の話も、盲人の琵琶の名手・芳一が奏でる音色がすばらしく、平家の怨霊たちをも魅了したため、耳をもぎ取られることとなった（写真2）。近世箏曲の祖とされる八橋検校《やつはしけんぎょう》も、「当道」における最高官位の検校となり、箏の演奏、作曲に没頭した。

日常生活で触覚を鍛える

では、日常生活において、視覚よりも手の触覚を活かす機会はどれだけあるのだろうか。たとえば風呂の湯加減は、手をつけて確かめたし、餅を搗いたり捏ねたりするときも、その柔らかさの按配は手の感触が頼りであった。しかし現在では、風呂は好みの温度に自動で調整できるし、餅は購入するか、かつて流行った家庭用の餅搗き器で作ることもできる。

視覚が優位とされる社会で、触覚はともすると忘れられがちである。しかし、触覚の快感にうったえかけるサービスや商品は、現代社会にしっかり根を下ろしている。肌触りのよいタオル、着ていて柔らかな下着、全身が温まる温泉、顔面をパックしてマッサージしてくれるエステ、全身を揉み解してくれるマッサージなど。それらは、「癒し」という言葉とともに、ビジネスの対象となっている。さらには、猫の肉球の感触がいつでも楽しめる、肉球を真似たキーホルダーまで販売されている。「癒し」を触覚に訴える、現代社会ならではの商品であろう。視覚優位の社会で、人びとが忘れてしまった触覚の快感を蘇えらせることは、大きなビジネスチャンスの可能性をも秘めているのかもしれない。

あるとき、小学校の先生がこぼしていた。子どもたちは、口紅タイプの糊に慣れているため、工作の時間に指に糊がつくと、何度も席を立って手を洗いに行く、と。糊のねとっとした感触に慣れていないからなのだろう。「清潔」が一番とされ、手洗いが重視されるなかでは、仕方がないのかもしれない。しかし子どもたちは、スライムも泥遊びも大好きである。最近よく見かける「手にくっつかない粘土」より、極力ねばり気のある粘土を使って、触覚を鍛えておくとよい。なぜなら、豊かな想像力は、視覚だけではなく、聴覚、嗅覚、味覚、触覚の五感すべてを働かせることによって生まれるのだから。

撮影（すべて）：筆者

【第Ⅳ部】

味覚

ある研究者が言った「食べたものは忘れない」。これほど素直に自然環境や文化を記憶に刻むものはないのかもしれない。食べものの味は、それが作られた環境に直結し、懐かしい思い出の連鎖を生む。

第1話

火と料理

秋道智彌
Tomoya AKIMICHI（総合地球環境学研究所）

人類と火

人類が火を使いはじめたのはいつ頃だろうか。中国、アフリカ、ヨーロッパなどにおけるホモ・エレクトゥス（原人）の遺跡からは、炭、灰、炭化した木や焼けた動物の骨、火を使ったと思われる炉などが発見されており、20万～30万年前に火が使われた可能性がある。ホモ・ネアンデルターレンシス段階（旧人）になると。火を使った炉が多く見つかっており、当時から火が使われていたことは明らかである。人類は動物のように生の食物を直接食べるのでなく、料理をほどこして食べるような変化をへた。このことが進化的な意味をもつことは明白であろう［中尾、2005、ランガム、2010］。

火は食物の調理のほか、暖をとり、獣から身を守るうえで革命的な役割を果たした。なかでも、食物に火を通すことは食べやすさとともに栄養素の吸収を向上させるうえで役立った。動物の肉は加熱によってタンパク質が凝固し、肉のうまみ成分が溶出することをおさえた。肉に含まれる細菌や原虫を殺し、衛生面でも効果が大きい。植物の場合も、繊維質を軟らかくして食べやすくなる。ただし、加熱によってビタミンや葉緑素、ミネラルが破壊ないし損失されてしまうマイナスの面もあった。植物のでんぷん質は加熱することによって糊化、すなわちアルファ化し、食べやすくなる例がある。コメやイモ類、サゴでんぷんなどの場合であきらかだ。

火と料理

人類が火を使うことの意味を料理との関連で論じたのはフランスの人類学者レヴィ＝ストロースであった［レヴィ＝ストロース、1968］。レヴィ＝ストロースは「料理の三角形」に関するモデルを提示し、自然と文化の対立項のなかで人類の料理について構造主義的な解釈を試みた（図1）。図にあるとおり、料理を生のもの、火にかけた（調理した）もの、腐ったものの三極からなる、認識上、たがいに対立する関係にあるものとした。すなわち、生のものと火にかけたものは自然と文化の対立を示す。生のものと腐ったものは自然のものであるが、食べるのに適した存在と食べるのに適さ

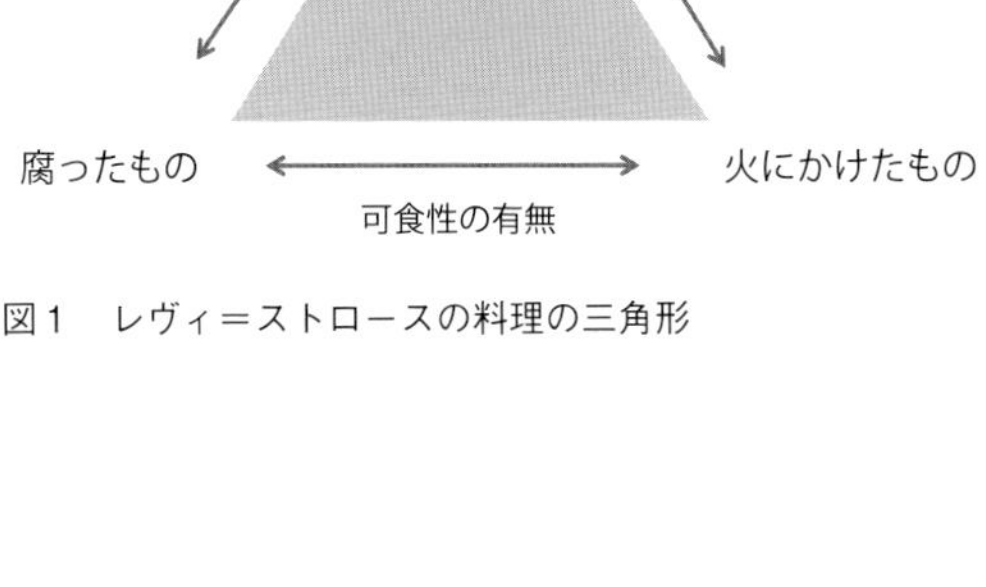

図1　レヴィ＝ストロースの料理の三角形

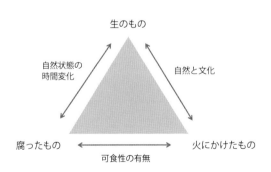

ない存在として対立関係にある。火にかけたものと腐敗したものは自然状態のものが変形された点では同じであるが、食の適合性ではたがいに対立関係にある。さらに、火にかけた料理であっても、直火の料理と煙で燻製にした料理、鍋で水煮した料理とでは新たな対立項からなる料理の三角形が創出されるとした。

レヴィ＝ストロースのモデルをさらに発展させたのが玉村豊男による料理の四面体モデルである（図2）。つまり、生のものから、水、空気、油という3つの加熱媒体を通じて、煮もの系、焼き物系、揚げもの系の3つの料理体系が位置づけられるとした［玉村、2010］。このモデルでは、加熱のさいにおける温度や料理の時間などに応じて多様な料理が位置付けられる点に特徴があり、二元的な対立以上に実際の料理に適用可能な利点がある。

もちろん、加熱を経ない料理法として塩蔵と発酵があり、料理の起源と火を加えた料理の問題と

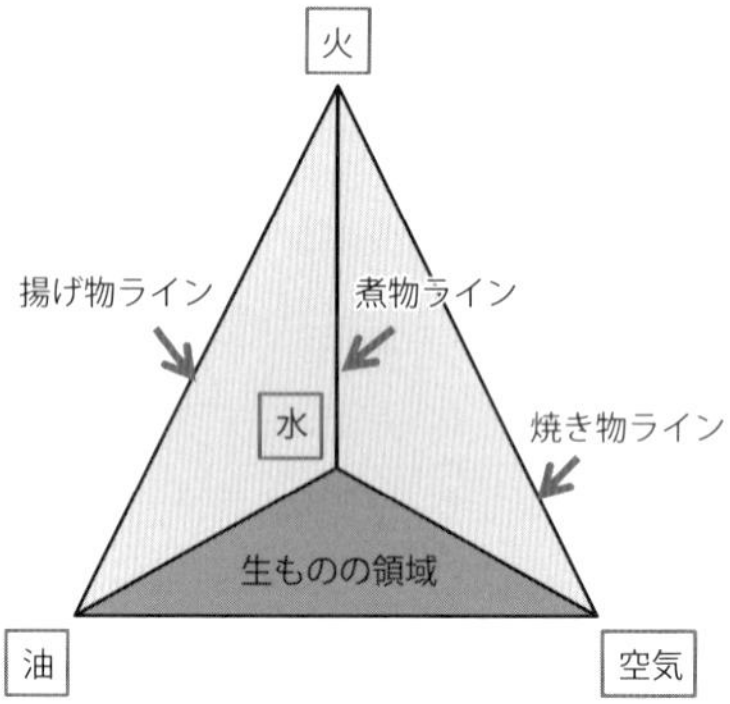

図2　料理の四面体
［玉村、2010］をもとに作成

は別のものとしてあつかうべきであろう。これを魚料理を例として示した（図3）。また、加熱過程にしても天日干し、蒸気や加熱した石を使う石蒸し焼きなどがあり、玉村の料理に関するモデルですべてが説明できるわけではない。

　具体的な料理法をふまえ、火にかける料理の多様な展開を言語表現に注目してふれておこう。英語で魚を生で食べるさいに、eat fish raw と表現するように to eat の動詞を使う。しかし、火を媒介とする料理に関連する動詞には、to cook 以外に、bake（熱伝導で焼く）、grill、broil（焼き網の上で焼く）、roast（オーブンなどで輻射熱で焼く）、barbecue（直火で焼く）、deep-fried（油で揚げる）、steam（蒸す）、toast（パンを焼く）、smoke（燻製にする）、sun-dry（天日干しにする）などがある。このほか、fry（炒める）、frizzle（カリカリに炒める）がある。煮る方法でも、stew（とろ火で煮る）、boil down（煮詰める）、simmer（沸騰寸前でトロトロ煮る）など料理法に応じて多様な動詞が用いられる。

　民族誌的な事例を挙げておこう。ミクロネシアの中央カロリン諸島にあるサタワル島では、火にかけた食物を食べるさいにはモゴ（mwongo）の用語を使うが、生の状態でかじり食するさいにはウォラール（worar）という用語を用いて生のものと調理したものを食べる動詞を区別する。ふかしたタロイモを食べるさいには、モゴ・ウォート（mwongo woot）と称するが、生のタコをそのままかじり食する場合は、ウォラール・クース（worar kúús）と称する。ウォートはタロイモ、クースはタコを指す。ちなみに火で調理した状態はモット（mmot）、生の状態はエマス（yemas）として区別する［秋道 1989］。

　加熱を要しない塩蔵と発酵については、レヴィ＝ストロースは腐敗の概念で生のものや火を通したものとの対立項として論じた。しかし、塩を添加するだけで自然発酵を促す塩蔵法はアジア地域に多くみられ、食用可能な塩蔵食品が数多く作られてきた。たとえば、韓国や日本で発達した塩辛には数多くの水産物が用いられる。ヨーロッパでもイワシやニシンに塩分を添加したアンチョビやニシンの塩蔵品が知られている。また、植物の有毒成分（たとえば、タンニン酸）を水さらしや加熱により除去するなど、加熱の前段階での処理も多様である〔秋道、1995〕。

興味があるのは、コメを水分とともに加熱してできる炊飯を塩蔵した淡水魚類とともに漬けて乳酸発酵させる加工法がアジア地域で発達している点である。つまり、火を加えたコメと塩、魚から日本の琵琶湖における鮒ズシのようなナレズシが歴史的に作られてきたことである〔篠田、1966、石毛・ラドル、1990〕（図3参照）。

食物と陰陽五行説

人体が摂取する食物や薬について、本来、熱を加えた温かい状態か、加熱されていない冷たい状態にあるかによって、健康増進や病気の治癒に適しているかどうかを区別する思想が世界にはみられる。中国の陰陽五行説の思想によれば、あらゆる食物は5つの味をもつものに区分され、しかも摂取することで身体に与える影響は顕著に異なる。

まず、食物の性質は本来、寒、涼、平、温、熱という5つの性質に分けられる。この性質は五性と称される。寒性と涼性の食物は一般にコールド・フード（cold food）、温と熱のものはホット・フード（hot food）と英語でよばれる。以下、冷寒の食は冷、温熱の食は温として表記する。なお、平性の食物は身体の変化をもたらさないとされる。

中国の五行思想では、日常摂食する食物が体内に取り込まれて栄養源、健康のみならず生（キ：qi）の根源になるとする思想が発達してきた。その根幹がイン（yin）つまり冷・寒、暗、受動と、ヤン（yang）つまり温・熱、明、能動の対立と両者のバランスが重要であるとする考えである。あらゆる食物に加えられるハーブ類（薬膳）は、病気を予防し、苦痛の緩和、長寿をもたらし、健康

火を加えない刺身

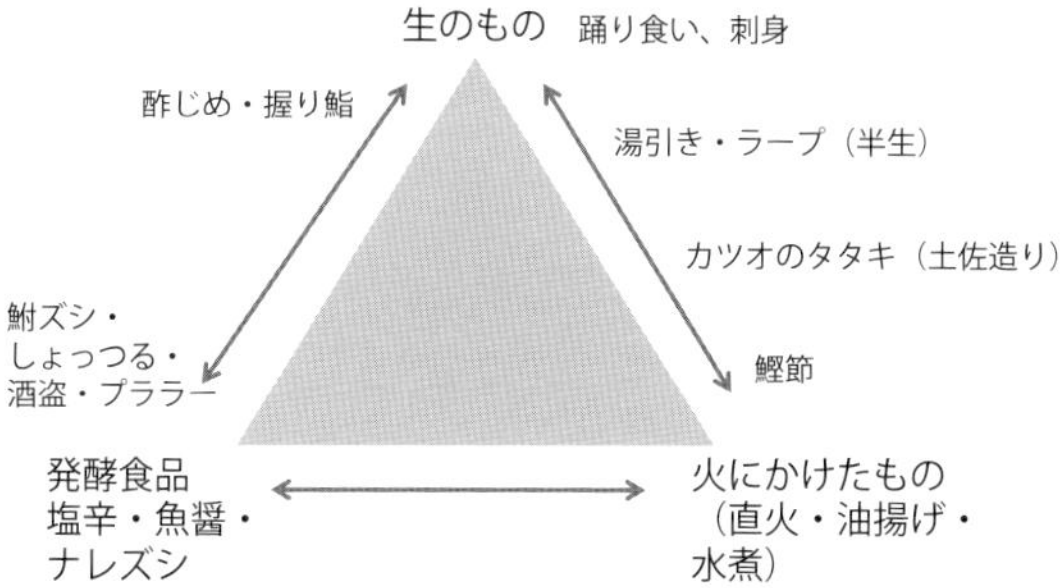

図３　魚料理の三角形と乳酸発酵

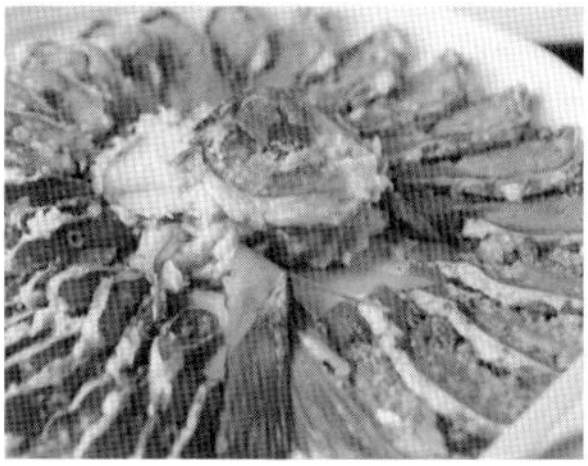

米と塩で乳酸発酵した鮒ズシ
（滋賀県琵琶湖周辺）

加熱した煙で燻製にしたカツオ
（パプアニューギニア・マヌス島）

表1　五行と五味・身体への作用

五行	季節	五味	身体への作用
木	春	酸味	収斂（出過ぎるものを抑える）・生津（体液を生じさせる）
火	夏	苦味	瀉下（便の排出）・燥湿（余分な水分を出す）
土	土用	甘味	補益（体を補って守る）・止痛（痛みを止める）
金	秋	辛味	散寒（寒さを散らす）・行気（気を巡らせる）・活血（血を巡らせる）
水	冬	塩辛味	軟堅（固いものを軟らかくする）・瀉下（便の排出）

に寄与するとされる。

食の冷温差は温度条件によるのではない。冷たい食は野菜、果物、穀類を指し、低カロリーで温かい食と相性が良く、身体のバランスを保つ役割を果たす。温かい食は活動上の活力を増進し、カロリー価が高い。温かい食物は体の虚弱・蒼白状態を改善し、とくに冬場に身体を温めるために摂取される。冷たい食、温かい食をそれぞれ摂取し過ぎるといろいろと身体に変調が生じる。たとえば、温かい食物を食べ過ぎると身体が熱くなり、イライラし、便秘になる。冷たい食物をとり過ぎると、下痢になり、身体がだるく脱力感が顕著になる。

食物とその味は冷温の区別とは別に陰陽五行説のなかで位置づけることができる。すなわち、五行のもととなる火、水、木、金、土は季節・方位に対応するとともに5つの味、五味に対応する。たとえば、火は苦味、水は塩辛味、木は酸味、金は辛味、土は甘味を示す。さらに、5つの味が身体にもたらす作用効果はそれぞれ異なっており、表1に示したとおりである。前述した食物の冷温との対応でいえば、温かい食物には苦味、塩辛味の作用があり、冷たい食物には酸味、辛味の作用をもつことになる。臓器との関連でいえば、甘味は胃と脾臓、酸味は胆嚢と肝臓、辛味は小腸と心臓、塩辛味は膀胱と腎臓、苦味は大腸と肺臓に影響をあたえるとされる。

おわりに

火の使用が人類と他の動物を区別する重要な分岐点になったことを改めて確認することができる。生のものと火にかけたものは自然と文化を峻別する対立項であるにちがいないが、火にかける（加熱）過程とその方法は世界の多様な料理を説明するには原理的に正しいが、発酵をふくめた実際の料理を説明するには更なる理論化が必要である。他方で、あらゆる食物を味と身体への影響から構造的に位置付けた中国の五行思想は二元論とは異なった食の位置づけにアジア的な思想を組み込んだものであり、食の身体論と認識論にかかわる統合的な理解の可能性を示唆するものといえる[Descola, 2013]。

参考文献

秋道智彌　1989「サタワル島における食物カテゴリー」松原正毅編『人類学とは何か――言語・儀礼・象徴・歴史』日本放送出版協会、pp.199-232

秋道智彌　1995「魚毒漁の分布と系譜」吉田集而編『生活技術の人類学』平凡社、pp.66-98

Descola, Philippe 2013. *Beyond Nature and Culture*. The Chicago University Press.

石毛直道、ケネス・ラドル　1990『魚醤とナレズシの研究』岩波書店

レヴィ＝ストロース　1968「料理の三角形」レヴィ＝ストロース『レヴィ＝ストロースの世界』（西江雅之訳）みすず書房、pp.41-63

中尾佐助　2005「第1部　料理の起源　スシの問題」『中尾佐助著作集　料理の起源と食文化（2）』北海道大学図書刊行会、pp.134-140

篠田統　1966『すしの本』柴田書店

玉村豊男　2010『料理の四面体』（中公文庫）中央公論新社

リチャード・ランガム　2010『火の賜物――ヒトは料理で進化した』（依田卓巳訳）エヌティティ出版

第 2 話

「味」の体験と記憶のなかの「味わい」

白幡洋三郎 Yozaburo Shirahata（中部大学人文学部）

記憶のなかから呼び覚まされる「味」の思い出は、誰しも少なくないだろう。私自身にも味にまつわるさまざまな過去の体験があり、記憶のなかからよみがえってくる「味」の思い出はいくつもある。そのうちの多くが旅の経験とも結びついている。旅という経験は日常的体験世界（環境）をはなれた、丸ごと異なる環境（異文化・異環境）のなかでの、深く重い体験となる。そうした異環境（異文化）のなかで味は、五感にどのような変化をもたらすだろうか。

スペインのおじや

20年ほど前のある年、恩師を案内してスペインへの旅に出た。マドリッド・バラハス空港に到着しレンタカーを借りて、一路南下する。最初の目的地はグラナダに定めた。アルハンブラ宮殿やヘネラリーフェ離宮の建築と庭園を見るためだ。

奇をてらった旅でも専門的調査旅行でもない、当たり前のようなスペイン観光の旅だ。日本史が専門の恩師はスペイン訪問が初めてである。その先生のためにスペイン初訪問者用のルートを考えた。スペイン初日はグラナダの手前で一泊。そし

写真１　飛騨高山地方の郷土料理の朴葉味噌　ⓒjun / PIXTA

て翌日、われわれはグラナダをたっぷり1日かけて「攻略」。私は2度目の訪問だったが宮殿も庭園も相変わらず素晴らしかった。この日はグラナダ泊。

大いに満足したわれわれが次に目指したのはコルドバである。ローマ帝国支配の後、キリスト教国を経て8世紀からイスラム教徒の支配下に入り、そのためいっそう栄えて「西方の宝石」と呼ばれる美しい都になったという古都である。

コルドバ再訪の私は、再度見てまったく飽きなかった。先生も大変満足してくれて上機嫌ではあったが、食事には少々不満がたまりつつあったらしい。「今夜の食事は何にしましょうか」と尋ねた私に、「ご飯ものが食べたい」とおっしゃった。

スペインに到着してすでに3日目。昼はビールに軽いつまみ程度、晩はできるだけ油・肉気の少ないもので収めていたが、それでもスペイン料理である。オリーブ油はどこかに使われているうえ、朝食を含め3食ともパンである。60歳を超した先生にはつらいものがあろう。パエリアも考えたが、「ご飯もの」と認めてもらえるか心もとない。なんとかコメのメニューを晩餐にと、思いをめぐらせながらマドリッドに向けて車を走らせた。

昼前、前方の岩山の頂上に古城を見つけ、寄り道することにした。われわれはそれまでも車を走らせながら気になる町、建物、風景を見つけると車を止めて見物し、写真に収めていた。古城への入り口に着いたが、門は閉まっており午後からの開門を告げる看板があった。

では開門までどこかで軽く昼食を、と考え、岩山の麓の小さな町に車を乗り入れた。一軒のバル（Bar：居酒屋兼喫茶店兼食堂であることが多い）を見つけて入ったのだが、軽食もなく、つまめるものもナッツかポテトチップスくらいしかない。仕方がない、ビールとつまみで空腹をまぎらせよう。

ビールを飲んでほっと一息つき、カウンター内の青年を見ると陶器のカップからなにやらスプーンですくって食べている。一体なんだろう。それはメニューにはないのか、と身振りを交えて少ししつこく尋ねてみた。すると彼は何か言って奥に引っ込み、二つのカップを持って出てきた。そしてスプーンを添えて私たちにすすめてくれた。

炊いたコメでできたうす茶色の「おじや」のようなものから湯気が上がっている。ところどころ魚の身の小さな切れ端らしいものも見える。日本食のダシとよく似た食欲をそそるいい匂いがする。私たちはゆっくりこれを口にした。「おじや」だ！

それは日本のおじやそっくりで、ダシが利いておりコメも柔らかくて芯がなく、日本の味に負けない、じつにおいしい「おじや」だった。スペイン片田舎の町で我々を待っててくれていた最高のおじやだった。

帰国してのちに、スペインに「オジャ（Olla）」という鍋煮込み料理があるのを知った。南仏のブイヤベースに似た魚介類の具沢山スープである。これにコメを入れて煮るらしい。日本のおじやの語源は、このスペイン語から来ているという説も

写真２　日本のおじや　ⓒ sasaken / PIXTA

あるそうな。魚介から出た旨みスープ（ダシ）に、コメを入れて煮る。「オジャ」も「おじや」も本質は同じである。ダシの旨み、魚介類の細切れが混じり、スープをたっぷり含んでしっかりふくれた米粒の柔らかな舌触り。そして湯気の出る熱々を食す。日本料理のうまさと同じものだ。スペイン料理と日本料理の意外な共通性を知った。

英国の自家特製たこ焼き

15年ほど前、イギリス・ケンブリッジ大学に1年間研究滞在の機会を得たとき、茶目っ気もあって「たこ焼き器」（丸い穴が並ぶ鉄板）を持参した。機会があればイギリス人にふるまって感想を聞いてみては、などと考えたのである。

ケンブリッジで借りた住宅の台所には、ガスはなく電熱のホットプレートが並んでいた。たこ焼き器を載せるには好都合。材料の小麦粉、塩はもちろん容易に手に入る。ネギも似たものがある。桜エビ、青ノリ、削り節はパック詰めを日本から

写真3　たこ焼き　ⓒsihuzahu / PIXTA

持参した。ダシも日本からのカツオダシのパック。

さて想定外だったのは、タコが手に入らないこと。そもそも常設の魚屋がない。小さなスーパーに魚のコーナーはなく、大きなスーパーでもわずかな種類の魚があるだけで、タコはまったく見かけなかった。

市内の中央広場にあたる市役所前広場に週2回市が立つ。テントを連ねて各種の店が並ぶ。そのうちの2軒が魚屋である。ところがタコの姿は見あたらない。置いてないか聞いてみると2軒とも「ノー」の返事が返ってきた。たこ焼きを作るのにタコなしではどうにもならない。さてどうしよう……。考えをめぐらせ、そこで思いついたのは代用品である。たこの代わりになるような食材がないかと売り場を眺めていると、茹でたサザエのむき身のようなものが見つかった。これは使えるかもしれない。

早速買って帰った「ウィルクス whelk, wilks」という名の貝は、調べてみると、「つぶ貝」の仲間であるらしい。堅めの身をぶつ切りにしてたこ焼きに入れるとなかなかいける。タコに似ている以上に、タコとは違ったおいしさ(歯ごたえと旨み)があり、ひょっとするとたこ焼きを超える味わいがあると言ってよいかもしれない。

その後、タコの代用に日本から送られたかまぼこや、イギリスでもよく出回っている「カニカマボコ」を切って入れてみたこともあったが、ウィルクス入りのほうがはるかにたこ焼きらしい味わいとなるのがわかった。ケンブリッジ風「たこ焼き」は、結局帰国するまでタコならぬ「ウィルクス焼き」で通した。

ところでソースはどうしたか。まずは持参のたこ焼きソース。なくなれば家人が来英の際に1本手みやげ。それでなくなれば、イギリスでも手に入るしょうゆを加えて香ばしく焼いていた。

結局イギリス人にたこ焼きを振る舞うことはなかった。さして喜ばれないだろうと予測していたからでもある。友人であるケンブリッジ在住の日本人は奥さんがイギリス人。帰国の際、彼にたこ焼き器をプレゼントしたが、つくったという話は聞かなかったし、食べた印象を奥さんが語ったとの話も聞かない。ふるまわなくて正解だったかもしれない。

サンマの味

映画『秋刀魚の味』は、細君と死別した初老のサラリーマン平山が、一人娘と暮らす平々凡々ながら幸せな日々を描いたもの。小津安二郎監督の最後の作品だ。娘が嫁いでいった夜、一人バーでウィスキーグラスを傾ける平山の寂しげな背中。

「サンマの味」とは、贅沢なご馳走ではなくふだんの食事を指している。豪華で驚かせ美味でうならせる料理ではないが、しかし決して飽きの来ない忘れられない味のことを言っているのである。いつもの食事にいつもの味。同じような繰り返しであるが、幸せな普通の日々。平山が失いかけているのは「サンマの味」なのだ。

写真４　サンマ　ⓒ gori910 / PIXTA

ありふれた食事、忘れられない味をサンマで代表させた「物語」に落語の「目黒のサンマ」がある。鷹狩りに出かけたお殿様。腹が空いてきたお昼頃、近くの農家から良いにおいが漂ってきた。「何の匂いか」と家来に尋ねると、下々の食す「サンマ」という下魚を焼く匂いだという。「殿のお口には合いません。」と諭す家来に「どうしても」と命じて持ってこさせ、生まれて初めてサンマを食べた。

さて、城に帰ったお殿様は、目黒で食べたサンマの味がどうにも忘れられない。が、いつまでたっても城の食事にサンマは出てこない。機を見計らって、サンマが食いたいと強く所望して食膳に出させたまではよかったが、殿様向けに小骨やワタまでがていねいに取り除かれ、冷えきったサンマは、あのとき食べた野趣あふれる焼きたてとは似ても似つかない。サンマがどこで獲れるか知らないお殿様、「これはどこからとりよせた？」「日本橋の魚河岸でございます。」「ああやっぱりサンマは目黒に限る！」と慨嘆された、というのがオチである。

　サンマがいかに忘れがたい味であるか、私の旅先での体験を記して終りたい。ブラジルに行ったとき（1993年）のこと。飛行機で初老の紳士の隣に乗り合わせた。ブラジル移民の日系人だという。長い苦労の末、スポーツ用品を扱う会社を成功させ、今ようやく安定した生活を送っている。一番の楽しみは秋になると日本に行ってサンマを食べることだ。日本で食べるサンマの味は最高だ。今年も仙台に行ってサンマを食べてきたが、その帰りだという。

　私は日系の研究者たちと、ブラジル移民をテーマにしたシンポジウムに参加する途上だった。日系人たちの日本に対する深い思いの一端を聞いた思いがした。純朴で努力家の日本人が忘れられない日本の味。サンマの味はその代表的なものなのだと思った。


　誰もがさまざまな「味」の経験をもっている。その「味」なるものは感覚器官が感じとる「味覚」だけにとどまらない。経験が感じとるもの全部を含んでいる。とくに、なつかしさと結びついた味、記憶のなかの味は、たんなる「味覚」ではなく、五感すべての感覚も加わって、心の底にまで響くしみじみとなつかしい「味わい」となるのである。

第3話

アジアの昆虫食

稲作との結びつきから

野中健一
Kenichi NONAKA（立教大学文学部）

はじめに

アジア地域では島嶼《とうしょ》・沿岸部から山岳地帯まで自然環境も人びとの暮らしも変化に富む。そのなかで、各地で生息するさまざまな昆虫が食用にされてきた。世界各地の昆虫食文化においてアジア地域の昆虫食は、稲作や水田の環境・生業活動に結びついている点が特徴である。この小稿では、東北タイからラオスにかけて広がる天水田地帯の事例を中心として、雨季乾季の季節変化の織りなす水田の環境変化、稲作の様相と合わせて、一年を通じた多彩な昆虫利用が稲作文化とどう結びついているのか紹介したい。

稲といえばイナゴ

日本でも、昆虫食といえば、「イナゴ」を思い起こす人は多いであろう。古くから全国各地で食されてきた。中部地方から東北地方にかけては今もよく採集され食べられている。イナゴは、稲の実り頃から大量に発生し、おもに水田やその周辺の草地で採集される。自家消費ばかりでなく、親戚や友人への贈答に用いられたり、佃煮商品が市販されたり、今も根強い人気があり、東京の佃煮店でも見かけられる。千葉県成田山の参道には、

写真１　イナゴ採りは夕暮れまで続く（ラオス、ヴィエンチャン特別市サイタニー郡）

川魚とともにイナゴ佃煮の看板を出している店が多く並ぶ。後背地の水田地帯の恵みを利用した食文化が今も息づいている。

イナゴはアジアでも各地で食べられている。ラオスでは、たも網や肥料袋を再利用して柄につけた道具で採る姿が見かけられる（写真１）。女性や子どもたちがその採集に励む。より大がかりには、枠のついた漁網を２人で持ち、収穫後の田んぼを駆けて飛び跳ねるイナゴを文字どおり一網打尽に採っていく。もっとも網の地上からの高さや網の角度を調整しないとうまく入ってくれないのでコツを要する。日中から夕暮れまで採集の続く光景や大量採集の様子は、イナゴの食用価値の高さを示している。

だが、アジアの水田ではイナゴだけにとどまらず、さらにさまざまなバッタの仲間が採られており、市場を賑わせている。

イナゴの時期に前後して、コオロギが得られる。なかでもタイワンオオコオロギは大型で人気が高

写真２　「キワ」を歩きながら、コオロギ穴を見つけて掘り出す（ラオス、ヴィエンチャン特別市サイタニー郡）

い。出始め時期には、田んぼとその周辺の森との境あたりに多く生息している。女性たちが時には グループをつくって、その境「キワ」を歩きながら、コオロギの巣穴をめざとく見つけては、掘り棒で掘り出す（写真２）。穴からは１匹、運が良ければ２匹と、たくさん得るには長い距離を探して歩いていく地道な作業が必要である。後には収穫を終えて裸地となる田面にも巣穴が見つけられるようになるが、穴が深くなり、土も乾いて硬くなるので掘り出すのに労力もかかる。

コオロギは都会でも人気の高い食材だ。揚げ物やチェオ（香辛料などと合わせて搗いたペースト状の食べ物）は、ビールのつまみやもち米のおかずに重宝されているが、牛肉よりもはるかに値が張る。チェンマイやビエンチャン近郊ではイエコオロギの養殖も行われており、都市近郊農家の副業になっている。それでも「天然物の方が体にいいからね」と野生のコオロギの価値が高い。

地下からフンチュウ

乾季には、灌漑される一部の水田を除いては、何も作付けされない。収穫を終えた水田は牛や水牛の放牧地になり、残された稲藁がエサとして食べられる。この牛や水牛がいることにより、その糞《ふん》をエサとするフンチュウも生息する。これも食されている。小型の種から水牛の糞をエサにするナンバンダイコクガネのような大きなものまで、各種が食べられている。乾季たけなわの2〜3月には、藁も食べ尽くされてカラカラに乾いた水田はすっかり赤茶けた裸地になっている。そこには何も生命の活動がないかのように見える。だが、

写真3　腕ほどの深さに掘られた巣穴から糞玉を取り出す（ラオス、ヴィエンチャン特別市サイタニー郡）
撮影：クアントーン・プーマテップ

地下にはおいしいごちそうが埋まっているのだ。巣穴を見つければ、腕を伸ばすほどの深さからいくつもの糞玉が取り出される（写真3）。中を割ると幼虫が入っている。一番の食べ頃は幼虫からさなぎへと変わる前蛹段階のものだ。エサとして食べてきた体内の糞をすべて出し切ってきれいになっている。その身はとろけるようにクリーミーだ。この段階で得られるよう、見つけた糞玉の一つをそっと割り、中の幼虫の成長程度をチェックし、再び元に戻して、頃合いを見計らう。

この糞玉は市場でもたくさん売られている。糞を割った見本も出ている。濃厚な黄色いまさにクリーミーな前蛹だったので、並んでいた割れていない糞玉を喜んで買ったことがある。村に持ち帰って料理をしてもらおうと、糞を割っていくと、出てくるのはまだ幼虫段階のものばかり。市場で見たのは「見せ玉」だったのだ。ちょっと悔しい気がした。だが、幼虫は腹を割き、中の糞をよく洗い流してから調理すればよい。食物のコクと脂

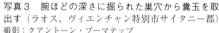

肪の味は、タイ語やラオス語では「マン」とりわけ濃厚なものは「マンマン」と称される。フンコロガシの幼虫や蛹はまさに「マンマン」な肉の味だ。

樹上からツムギアリ

天水田地帯は、森と水田がモザイク状に広がっている。さらに田面のなかに木立も点在する。場所によっては林なのか水田なのか判然としないところすらある。しかし、この木々は稲作に重要なことがわかってきた。さまざまな生物の生息が稲の生育にプラスとなるのだ。またそれらは直接的に人びとの食物にもなり、昆虫もその一つである。乾季には木々にツムギアリが直径数十センチ大のボール状の巣を作る。この中の幼虫やサナギも食べ物だ。女性たちが長さ4〜5メートルの竹竿の先を研ぎ、籠を取り付けた専用の採取道具を携えて、木々をたどって巣を探して歩いて回る。巣を見つけては竿を差し延ばし、先端で巣殻を突き崩し、中の幼虫や蛹を籠に落とし入れる（写真4）。ざざーっとあふれ落ちてくると実にうれしい気分になる。だが、どう猛なツムギアリだけに、巣を破壊しているのでヘイアリの攻撃もすさまじく、収穫に見とれていると、あっという間に体にたかられ噛みつかれてすさまじく痛い。

写真4　樹上高くに作られた巣に籠を差し出し、中の幼虫や蛹を落とす（ラオス、ヴィエンチャン特別市サイタニー郡）

籠の中の収穫物から幼虫と蛹を成虫からより分けるのも一苦労だ。女性たちは平然とザルにあけ、キャッサバ粉を振りかけ、風選のようにして選り分けたり、バケツに水を張って浮かび上がる成虫だけを取り除いている。市場でもたいへん高価で売られるので一生懸命だ。乾季の村人の大きな現金収入源になっている。先に述べたコオロギも同じように高値で取引される。多くの虫は金になるのだ。乾季には稲が作れなくても、田んぼからは虫をはじめさまざまな野草、トカゲなど収穫物が現金収入になり、すべてを合わせれば米に勝るとも劣らない生計の一部を担っている。

カメムシは害虫か益虫か

この時期、水田やその周辺の木々にはカメムシも生息している。高い木の上によく止まっていて、男の子たちが小さなたも網を振りかざして集め採っていく。この網は雨季にはカエル採りに使われる。オレンジ色の大型のライチカメムシと和名のついている臭いカメムシだが、焼いたり炒めたりするとその臭いは消えて、脂っこく香ばしい食物となる。ビールのおつまみに最適だ（写真5）。

カメムシは、田んぼでは登熟期のイネを吸汁し、深刻な被害を及ぼす害虫でもある。多くの種のカメムシが水田に生息するが、住民には効果的な農薬を購入するだけの金銭的な余裕はない。だからといって手をこまねいているのではなく、カメムシの好む田ガニを棒にさして寄せ付けて集め採るなど、駆除する工夫を考案している。しかしこの程度ではさほど効果はないようで、たくさん生息

写真５　カメムシの串焼き（ラオス、ヴィエンチャン特別市）

していている。だが、田んぼの見回りをしながら、カメムシを見つけると手でつかみ取り、さらにそれをぱくりと生きたまま口に入れて食べてしまうこともある。これも害虫駆除であろうか。その数量的な効果は検証していないが、それ以上に生きていてとても臭いものを食べてしまうことに驚いた。私も試しに食べてみたらやはり臭い。最初は匂いが口の中に充満し、鼻に突き上げてきた。しかし、その一線を越えると、得も言われぬ濃厚な味が広がってきた。これは生ならではだ。脂っこさの由縁であろう。カメムシの匂いは「キュー」と称される。当初これは「臭い」を表すと思っていたが、これは「きつい」という意味であることがわかった。「焼いてもいいけど生のほうが〝キュー〟だね」といって「活カメムシ」を好む人たちもいる。まさに嗜好品の味だ。

水中の虫たち

雨が降り出し、田んぼに水が入るようになると、こんどは水生生物のすみかになる。トンボの幼虫ヤゴ、ゲンゴロウ、ガムシ、タイコウチ、タガメ、ミズカマキリなど、多くの水生昆虫が得られる。小魚や小エビ、オタマジャクシもいっしょに、葉っぱでくるんで包み焼きにされたり、スープにされたり、単品で調理されたりしてさまざまな料理に活用される（写真6）。タガメは生きたまま市場で売られている。その芳香がチェオに絶品なの

写真6　ヤゴ、タイコウチ、ガムシ、ゲンゴロウの入った水生昆虫のスープ（ラオス、ヴィエンチャン特別市）

だ。1匹1匹手に持って鼻に近づけて匂いの強さ良さが吟味されて選ばれている。

田んぼの輪廻

田んぼの営みは毎年の季節変化の繰り返しとともに長い歴史の蓄積でもある。シロアリのアリ塚はその成長とともに、大きくなり、そうした中で残され、やがてその小丘は木々が生育する場となる。交尾飛行で大量に発生するシロアリは集落へと飛んでいく。家の明かりに集まったシロアリは料理されてごちそうになる。アリ塚の周辺からはセミの幼虫を掘り出すことができ、また、時にはアリ塚の木立の樹上にスズメバチが巣を作ることもある。これらもみな食べ物になる。

おわりに

水田地帯は、田面、周辺の草地や林、水路などが複合して成り立っている。田面は、稲作にともなって、その環境は水域から陸域へ、草地から裸地へと変化する。水面下、地下、地表、樹上と立体的にも生息地が広がる。季節やその状態に応じてさまざまな昆虫が生息する。こうしてさまざまに生息する昆虫が食料資源として利用されている。田んぼは人工であるが、そこにやってくる生物は自然のものである。小さな場所が時空間的に多彩な生産の場となる。変化に適応する生業と自然観が合わさった世界は昆虫の食用にも現れている。

参考文献

野中健一　2005『民族昆虫学——昆虫食の自然誌』東京大学出版会

野中健一編　2008『ヴィエンチャン平野の暮らし——天水田村の多様な環境利用』めこん

朴恵淑・野中健一　2003『環境地理学の視座——〈自然—人間〉関係をめざして』昭和堂

三橋淳　2008『世界昆虫食大全』八坂書房

P.B. Durst, D.V. Johnson, R. N. Leslie and K. Shono eds. 2010 Forest insects as food: humans bite back. FAO.

コラム

味を伝える情報

関野 樹 Tatsuki SEKINO（総合地球環境学研究所）

見た目や名前で味を連想

食わず嫌いという言い回しがあるように、食べ物の美味い不味いは食べてみないとわからない。その味を本当に知るには、実際に食べてみるほかない。ところが、味を伝えるために実際に食べさせてみるということは稀で、調理を教えるときや店先での試食など限られている。むしろ、それ以外の方法で味を伝える機会の方が圧倒的に多い。ガイドブック、テレビコマーシャル、インターネット上の記事、商品パッケージ、宅配ピザの広告など、さまざまなメディアがあの手この手で味を伝えようとする。

「味覚」と言えば、甘い、鹹い、苦い、酸っぱい、旨い、といった直接舌で感じられる5基本味が知られているが、食べ物の「味」となると、香りや食感、温度、さらには見た目や量などさまざまな要素が介在する。メディアは、それらを伝えるために文章、写真や映像などの手段を用いる。なかでも、写真や食品サンプルなど、見ることで得られる情報は豊富である。料理の写真を見れば、多くの場合、どのような食材を使ってどのように調理され、どのような味なのかを想像できる。たとえば、料理の色は味つけの手掛かりになる。醤油での味付けが多い日本の料理では、色の濃さが味の濃い薄いに直結する。うどんのつゆなどはその典型だろう。また、汁が赤いものは辛いのではと疑うし、蒲焼やみたらし団子の飴色はたれの香りを連想させる。おでんの大根やステーキのように、色で味のしみ具合や焼き加減が判断できることもある。盛り付けや器なども味を伝える手段となっている。たとえば、鉄板や土鍋、グラタン皿に盛られたものはおそらく熱い料理であろう。

これに動きや音が加わった映像となると、さらに多くの味の情報が伝わってくる。ピザのチーズが伸びる様子やご飯から湯気が立ち上る様子は、濃厚なチーズの香りや炊き立てのご飯の香りを連想さ

写真1　宅配食品のチラシ
写真を多く使い、料理の中身を吟味させる。

せる。音でいえば、天ぷらを揚げる音やせんべいを齧る音がサクサクとした衣やバリッとしたせんべいの食感とつながっている。

料理の名前も味を伝える情報となる。「カレイの煮付け」「松茸の土びん蒸し」「鶏のから揚げ」「モツ煮込み」「酢豚」「炒飯」など、料理名の多くは材料、調理方法、味などの組み合わせでできている。ただ、これだけでは、味は伝わってこない。そこで、料理屋などはその料理がいかに美味いかを伝えるために料理名にさまざまな修飾を付け加える。たとえば、「ハリハリ水菜のサラダ」は水菜の食感を表しているし、「ホクホクコロッケ」「サクサククッキー」なども同様である。ほかにも、「できたて」、「焼きたて」、「揚げたて」、「炊きたて」など、調理したてであることを表現したり、「手作り」、「○○仕込」、「直送」、「○○産」など、製法や産地に関する情報を付加したりすることで、料理の味に何らかの期待を持たせようとする。

味をどう伝えるのか

さて、冒頭でも述べたとおり、正確に味を伝えるためには実際に食べてみる以外にない。では、ここまで紹介してきた見ること、聞くこと、そして言葉による「味を伝える情報」は、いったい味の何を伝えたのだろうか。おそらく、このような「味を伝える情報」に触れることで、受け手はさまざまな料理やその味を思い浮かべていると思われる。実は、ここで紹介した「味を伝える情報」の多くは、味そのものというよりも受け手に味

写真２　カップ麺のパッケージ
材料や調理方法について細かく説明しているものがある一方、有名店や土地の名前と味とを結び付けようとする表現も少なくない。

を想像させるための手がかりを与えているものが多い。ということは、「味を伝える情報」をその意図に沿って受け取るためには、情報の受け手側に基になる経験が必要ということでもある。

たとえば、和食を食べたことがない者に味噌の味を説明するとしよう。いくら、大豆を主原料とした発酵食品で、しょっぱくて、香りがあってなどと説明したり写真を見せたりしたところで、味噌の味を経験したことがない者に味噌の味や香りが正確に伝わるはずもない。ところが、味噌汁を一度でも味わった経験があれば、麦味噌、豆味噌、米麹味噌、どのような味噌でも、見たり説明を聞いたりすることでその味や違いが想像できるだろう。少なくとも、味噌を知らない者とは受け取れる情報が全く異なる。

これは、より専門的な状況でも同じことである。たとえば、ワインの愛好家は言葉による表現だけでもワインの微妙な味の違いを伝え合うことができる。多くの種類のワインを味わった経験があり、その経験を共有しているからこそである。一方で、普段ワインなど飲まない者にとっては、どんなに説明されたところでそのような味の違いは理解できない。

結局、より多くの味の情報を受け取るためには、より多くの味の経験が必要である。経験がなければ、天ぷらを揚げる音から衣の食感を連想できないし、「ホクホクコロッケ」も意味を理解できない。食わず嫌いは、味の情報を受け取るという点においても損しているようである。

味覚を刺激するさまざまな素材が並ぶ香港の市場　撮影：関野樹

【第Ⅴ部】

嗅覚

ふとした瞬間に嗅いだにおいで、人は季節を感じ、危険を感じ取り、また胸を焦がす。それは目に見えないメッセージとなり、人と自然の距離は一気に縮まる。

第1話

「香」のことば

木部暢子 Nobuko KIBE（国立国語研究所）

「かおり」と「におい」

現代日本語では、「香」（嗅覚）を表すことばに「かおり」と「におい」がある。二つを比べると、「におい」がよい意味にも悪い意味にも使われるのに対し、「かおり」はよい意味にしか使われないという違いがある。たとえば、「梅の花」には「かおり、におい」のどちらも使えるが、「腐った魚」には「におい」しか使えない。「腐った魚のかおり」などという表現はないのである。比喩表現も同じで、「かおり」の方は「高貴なかおり」、「文化のかおり」のように格調高い表現を作るのだが、「におい」のほうは「下町のにおい」、「犯罪のにおい」のように庶民的、疑わしいことの喩えに使われる。

しかし、古語の「にほひ」には、悪い意味はまったくない。それどころか、「にほひ」は華やかできわだった美しさを表していた。

一方、よい意味を表す「かおり」は、方言ではほとんど使われることはない。古語や方言から「香」のことばの歴史をたどってみたいと思う。

「香」の方言

国立国語研究所編『日本言語地図』（LAJ）に、「におい（芳香・悪臭）」（268図・269図）の地図がある。質問文は「梅の花のそばに寄るとぷうんと何か鼻に感じます。この鼻に感じるものを、梅の花の何と言いますか」（268図）、「髪の毛が火の中にはいって焦げると、やはりぷうんと何か鼻に感じます。感じるもののことを、髪の毛の焦げる何と言いますか」（269図）というもので、約50年前の調査である。まず、図1に「芳香」の地図をあげておく。これを見ると、

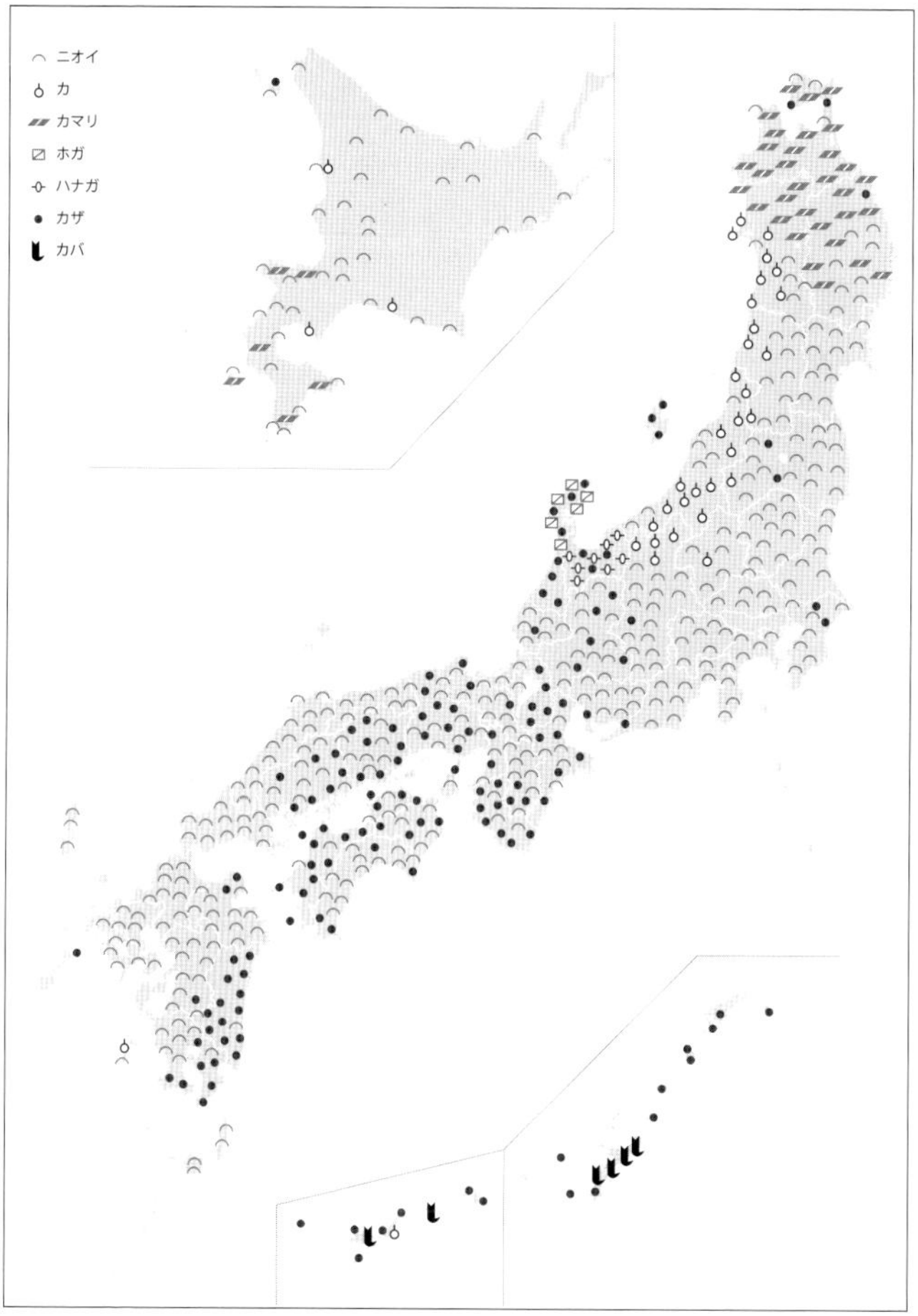

図1　「におい（芳香）」（LAJ268図をもとに作成）

「ニオイ」が全国に分布し、それに乗っかるような形で北海道と東北に「カマリ」が、東北から北陸にかけての日本海側に「カ、ホガ、ハナガ」が、西日本に「カザ」が、沖縄に「カバ」が分布している。269図の「悪臭」の地図も、近畿、中国、四国で「カザ」が多少増える程度で、これと大きくは変わらない。

　ところで、図1には「カオリ」という語形がない。原図で

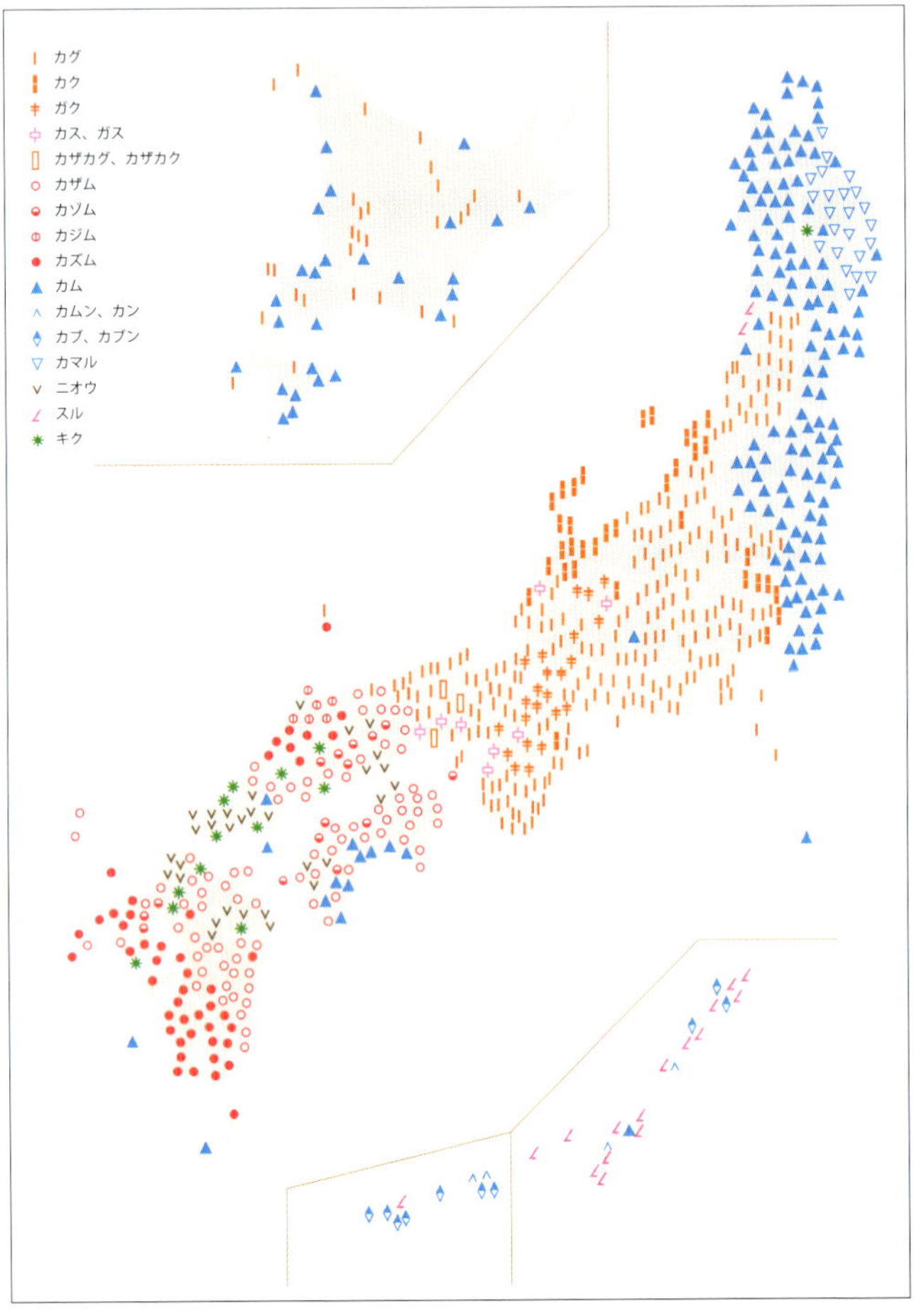

図2　「(匂いを) 嗅ぐ」(LAJ86図をもとに作成)

は「カオリ」がぽつぽつと全国に分布しているのだが、図1ではそれを省略している。その理由は、「カオリ」の多くが「ニオイ」や「カザ」との併用で、「カオリ」だけを使う地域がほとんどないからである。方言の世界では、「カオリ」は梅の花のような風雅なものに対して使われる、特別な表現なのである。

「カ」と「カザ」

「香」を表す方言

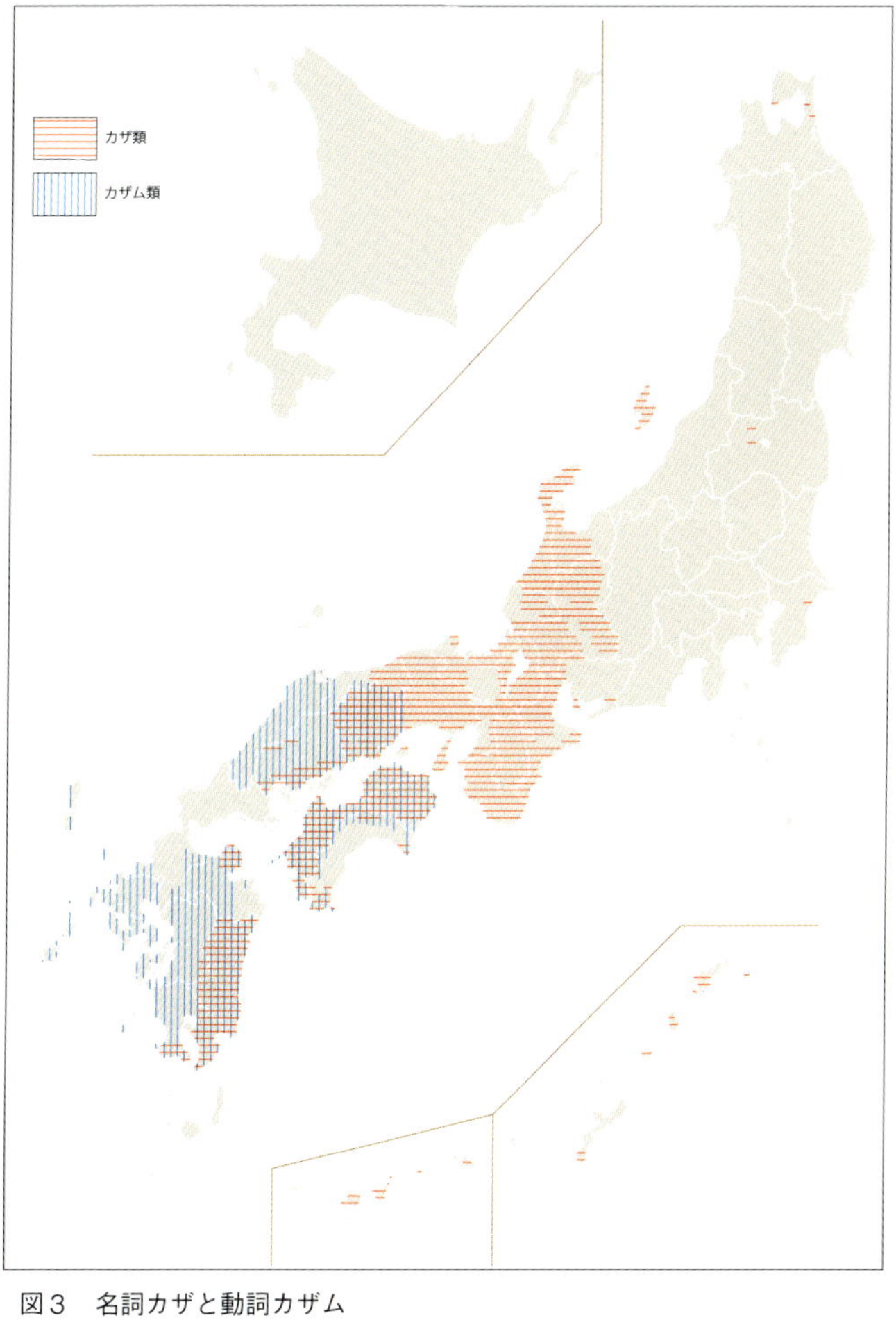

図3　名詞カザと動詞カザム

形のうち、東日本の日本海側に分布する「カ」は、古くから使われている語形である。『古今集』の「さつき待つ花橘のかをかげば昔の人の袖のかぞする（五月を待って咲く橘の花の香をかぐと、昔、親しかった人の袖の香がします）」は有名な歌だが、『万葉集』にも「梅の花かをかぐはしみ遠けども心もしのに君をしぞ思ふ（梅の花の香がとてもかぐわしいので遠く離れていてもあなたのことをしっとりと思っています）」（巻20、4500）のように歌われている。

北陸の「ホガ、ハナガ」は、この「カ」をもとにしてできた語である。東北の「カマリ」も「カ」をもとにして作られた語形だが、この地域では「（匂いを）嗅ぐ」ことを「カム、カマル」と言うから（図2）、「カ」から直接「カマリ」ができたというよりも、「カ」からまず動詞の「カマル」ができ、「カマル」から名詞の「カマリ」ができたと考えるのがよいと思われる。

西日本の「カザ」は、鎌倉時代の辞書の『名《みょう》語記《ごき》』（1268年）に初出例があり、その後、物語の類にときどき出てきている。江戸初期の咄《はなし》本《ぼん》『昨日は今日の物語』には、「火のはたに何ぞくばりたるか、悪しきかざする」とある。このように、「カザ」は何かが焦げる匂いを表すことが多かったようだ。また、「カザ」は動詞としても使われている。「（匂いを）嗅ぐ」の地図（図2）を見ると、中国、四国、九州が「カザム、カゾム、カズム」の地域になっているのがわかる。これらの地域では「匂いを嗅ぐ」ことを「ニオイをカザム」、「カザをカザム」、あるいは名詞なしで、ただ「カザム」と言うのである。名詞、動詞を合わせると、「カザ」は西日本のほぼ全域で使われていることになる（図3）。

「ニオイ」の歴史

では、「ニオイ」はどのような位置づけになるのだろうか。これについては、「ニオイ」を古い語形とみるむき［柴田、1969］と新しい語形とみるむき［木部、1989］がある。「ニオイ」

が古いというのは、『万葉集』に多くの用例があることが証拠となっている。この点では、「ニオイ」は確かに「カ」と同じくらい古い。しかし、『万葉集』の「にほひ」は、意味的には「香」ではなく、鮮やかな色彩や華やかな雰囲気を表している。その証拠に、「にほひ」は、「紅葉」や「乙女の笑顔」に対して使われている。

「ニオイ」が「香」の意味に限定して使われるようになるのがいつ頃なのか、はっきりとはわからないが、室町時代には「香」の意味で使われることが多くなる。その頃、「香／嗅ぐ」にあたる表現を、東日本では「カ系（カ・ハナガ・ホガ・カマリ）／カグ、カム、カマル」、西日本では「カザ／カザム」と言っていた。どの地域も名詞と動詞が同音の構成になっている。ここに新しく入ってきたのが、「香」を表す「ニオイ」なのではないかと思われる。

じつは、ここまで触れなかったのだが、「かをり」ももとは嗅覚ではなく、つややかで上品な視覚的美しさを表すことばだった。「ニオイ」と「カオリ」は、どちらも視覚から嗅覚へ意味をスライドさせたことになる。

五感のなかでは視覚に優位性があると言われる。「ニオイ」、「カオリ」の意味変化がこのことと関係しているのかどうか、これから考えてみる必要がありそうである。

参考文献

木部暢子　1989「においの語史」奥村三雄編『九州方言の史的研究』楓風社
国立国語研究所編　1966〜1974『日本言語地図1〜6』
柴田武　1969『言語地理学の方法』筑摩書房

第2話

植物のかおりの生態学

高林純示
Junji TAKABAYASHI（京都大学生態学研究センター）

植物のかおりについて

植物のかおりに関しては、大きく二つのカテゴリーに分けることができる。一つは植物が恒常的に出しているかおりで、もう一つは、昆虫の食害等の障害ストレスで誘導的に生産されるかおりである。たとえば、葉に傷を付けると「青臭い」かおりがすることは、誰でも経験があるだろう。それらは複数のかおり物質のブレンドである。

食害誘導性のかおりのブレンドはさまざまな原因でダイナミックに変化する。人間が千切るのと昆虫が食害するのではブレンドが違うのだ。さらに食害している昆虫の種類によって異なったブレンドになる。このようなかおりブレンドの特異的な変化は、とりもなおさずかおりの出し手である植物の状態（誰に食べられているのか）に関する情報を内包していることになる。私たちの嗅覚ではとてもその情報を区別することはできないが、昆虫たちは区別できることが知られている。このような食害誘導性のかおりが植物と昆虫間の情報として働くことで、複雑な相互作用が生まれてくる。また、放出される量は比較的少ないのだが、恒常的に作られる匂いもさまざまな植物―昆虫間の相互作用を媒介している。

ボディーガードを雇う植物

植物、それを食べる植食性昆虫、さらにそれらを食べる捕食性昆虫（天敵）という二つの連続した「食う―食われる」関係を三者系と呼ぶことにする。前述したように、植物は、昆虫の食害を受けたときに特別なかおりブレンドを放出する。植物は、そのようなかおりの放出により、食害している昆虫を殺す天敵を特別に誘引する、という興味深い現象がさまざまな三者系で報告されている。この場合、食害を受けた植物はSOSシグナルのかおりで天敵をボディーガードとして雇っているという図式になるのである（図1）。

図1では幼虫寄生蜂が天敵として描かれている。寄生蜂とは、寄主昆虫の体内に卵を産み込み、孵化したハチの幼虫がその昆虫に寄生しながら成長し、最終的に寄主を殺して成虫化するという戦略をもった蜂である。これはエイリアンというSFホラー映画に出てくる怪物と同じ生態をもってい

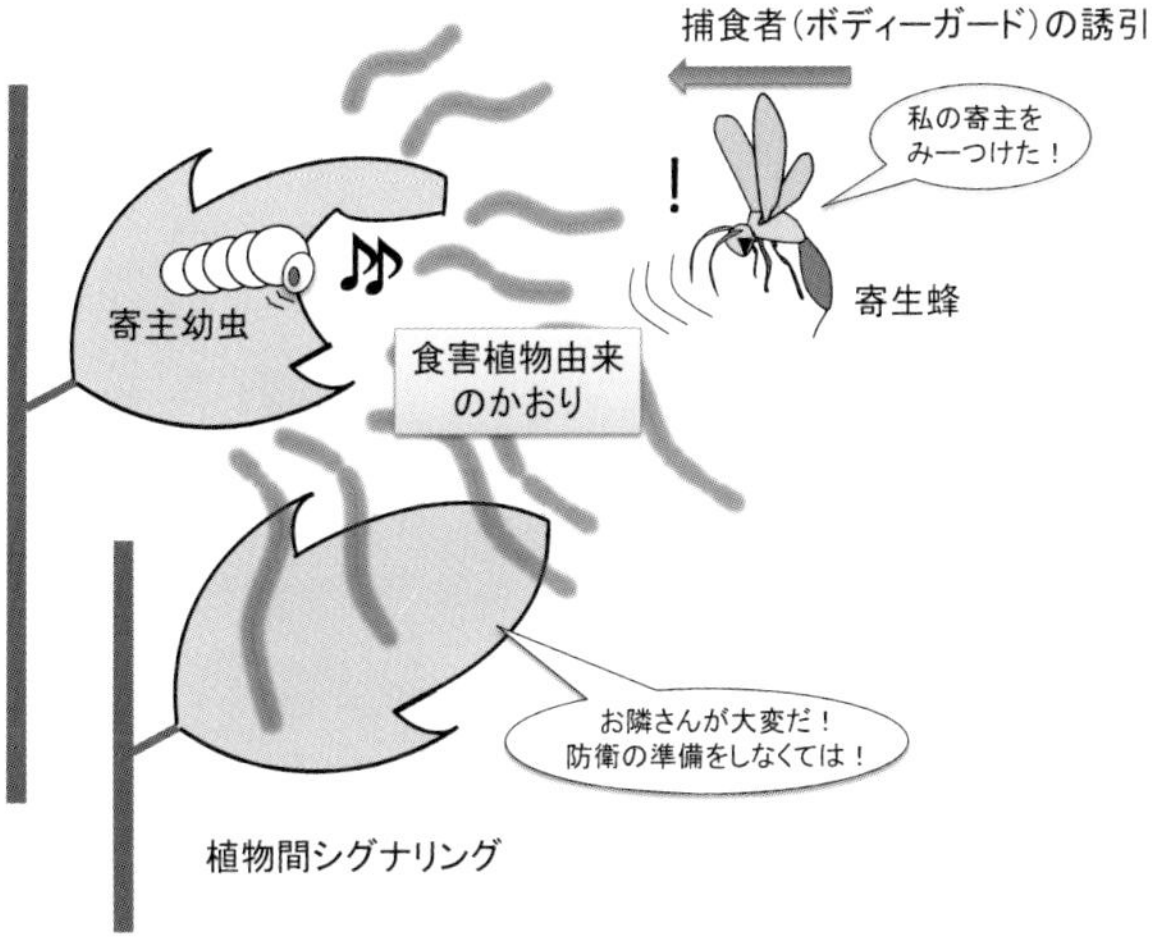

図1　植物のかおりの多機能性

る。植物の害虫を殺して被害を減らすので、植物のボディーガードといえるだろう。映画では、怪物はさまざまな生物に寄生するが、幼虫に寄生する寄生蜂はその種によって寄生できる相手がほぼ決まっている。いくつかの寄生蜂では、寄生できる幼虫種が食害しているかおりには誘引され、寄生できない幼虫種が食害しているかおりには反応しないことが知られている。2種の幼虫が誘導する微妙なかおりブレンドの違いを識別しているようである。

このボディーガードを雇う現象は、これまでに50種以上の植物、70種近い植食性節足動物で報告されている。誘引される天敵も5目の捕食性節足動物（寄生蜂、捕食者）だけでなく、昆虫寄生性線虫や鳥ですら被害植物からのかおりに誘引されるという報告がある。

植物間シグナリング

さらに興味深いことに、食害株に隣接する健全株が食害株のかおりを受容した場合、それによって害虫に食われにくくなったり、天敵を誘引するかおりの生産能力が高まったりする。ある植物を加害している昆虫が、その植物を食い尽くした後にターゲットとするのは、隣接する健全植物である。被害植物からのかおりを受容した健全植物は、あたかも食害を受けたかのような防衛準備を前もって開始していると考えられている。植物の生存にとって有利といえるこのような関係は被害植物と健全植物間のかおりを介したシグナリング、あるいは健全植物の立ち聞き、ということができる。「そんなばかな」と思われるかもしれないが、2000年頃より確たる事実として生態学で認識されるようになっている。今ではイネ科、マメ科、アブラナ科、ヤナギ科、キク科等さまざまな分類群でこの植物間シグナリングが報告されている。

かおりに対する生き物の感度

あれは確かドイツだったか、とある空港で麻薬探知犬をはじめて見たときのこと。はじめはそうとは知らず、すてきな犬を連れたお巡りさんだな、あの犬こっちに来ないかな、とのんきに見ていて、あとで気がついた。探知犬は、麻薬の匂いをかぎつけるとその場でお座りしたり、吠えたりするそうだ。私たちの認知できないくらいの微量な麻薬のかおりをかぎ分ける探知犬とは、一体どのような認識世界に住んでいるのだろうか。麻薬探知犬にかかわらず、一般に犬の嗅覚は鋭く、最大で人間の1000万倍ともいわれている。

ファーブルはカゴの中のオオシャクガの雌1匹が40匹もの雄を呼び寄せて、それらが部屋の中で乱舞する幻想的な光景を述べている。雌のフェロモンに呼び寄せられたのだろう。カイコガの場合、フェロモンに対する感度は犬と同等であるといわれている。おそらく多様に進化した昆虫たちも、イヌに負けず劣らずかおりには敏感なのだろう。さらに昆虫のみならず植物も、私たちにはわからないような微量なかおりの世界の住人であることがわかってきている。

植物はどのくらいかおりに敏感なのか
――シロイヌナズナの場合

植物と植物の間のかおりによる情報伝達には、かおりの受け手に何らかのかおり受容機構が必要である。どのようにしてかおりを受容しているのかは、興味ある研究課題だ。私たちは、その第一歩として植物がどの程度かおりに敏感なのかを調べてみた。

シロイヌナズナのかおりに対する感度を調べた実験結果を紹介しよう［Ozawa et al. 2013］。この実験は、シロイヌナズナ葉5枚にそれぞれ眼科用のハサミでわずかな傷（5ミリ）を与えて、そこから出るごく微量のかおりを隣の健全なシロイヌナズナに受容させて、受容による生理的な変化を調べる、という実験である。健全なシロイヌナズナに断続的なかおり受容経験を週2回3週間続けて与えた。対象区は、傷を与えない株のかおりを受容した株である。その後、かおりを受容した株と対象区株に傷を与え「緑のかおり」（葉をちぎったときに出る青臭い香り）の主成分である(*Z*)-3-hexenol（青葉アルコール）、(*Z*)-3-hexenyl acatate（青葉アセテート）の生産量を量ると、受容株で高くなっていた（図2の緑と黄緑）。受容後、傷を与えないと増加はみられなかった（図2の水色と白）。

わずか5ミリの傷を持つ葉5枚から出るごく微量のかおりの総量を定量してみると、140pptVという量であった。140pptVといってもピンとこないと思うが、50メートルプールに小さじ約4分の1杯の塩を溶かしてよく混ぜた濃度と考えてもらうと、いかに薄いかわかるだろう。ちなみに動物では、個体レベルでのかおりに対する感度の研究は意外と少なく、猿の仲間での感度が報告されているが、それが左記の値と同じ水準のものであった。このような高感度のかおり受容機構を、シロ

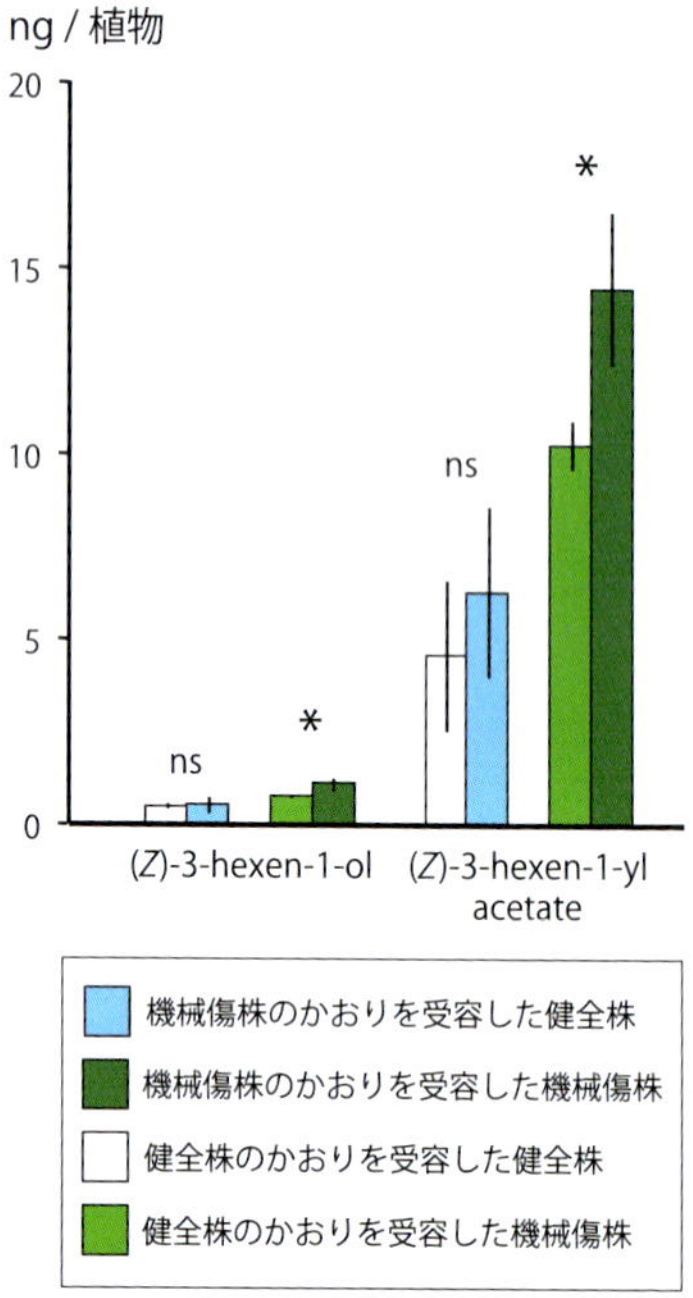

図2　シロイヌナズナのかおりに対する感度を調べた実験結果

機械傷を与えたシロイヌナズナから放出されるかおりを断続的に受容する経験を持つシロイヌナズナが出す緑のかおりの量(青葉アセテート：(*Z*)-3-hexenyl acetate、青葉アルコール：(*Z*)-3-hesenol)。緑は経験後に被害（機械傷）を与えた場合、水色は経験後に被害を与えない場合。比較対照として、健全株のかおりを受容する経験を持つシロイヌナズナが出す緑のかおりの量を示した。黄緑色は経験後に被害（機械傷）を与えた場合、白色は経験後に被害を与えない場合。機械傷によるかおりの受容を経験した株に機械傷を与える（緑）と、比較対照の株に機械傷を与えた（黄緑）場合に比べて2つの成分の生産性が高くなった。経験後に傷を与えない場合は、機械傷受容経験の効果は認められない（白と水色の比較）。
*印は統計的に有意な差があることを、nsは差がないことを示す。

イヌナズナは何のために進化させてきたのか、不思議でならない。また他の植物でどの程度かおりに敏感なのかは今後の課題である。動物の場合は、嗅覚受容体というものがあるが、植物には（おそらく）無く、なにか別次元の嗅覚受容の装置が潜んでいるのであろう。私たちはその解明をテーマにして研究を続けている。

昆虫はどのくらい植物のかおりに対して敏感なのか
――寄生蜂アオムシサムライコマユバチの場合

モンシロチョウの幼虫に寄生する寄生蜂にアオムシサムライコマユバチ（写真1）という種がいる。体長は2ミリほど。アオムシサムライコマユバチは、幼虫が食害した株に誘引される。誘引する成分は機械的傷でも生成するかおりである（Z）-3-hexenyl acatate（青葉アセテート）であることがわかっている。

図2から、かおりを受容した株での青葉アセ

写真１　モンシロチョウの幼虫（中央葉上）に産卵するアオムシサムライコマユバチ

テートの生産性が高まるために、誘引性も高くなると考えられている。そこでもかおりを受容した株と対象区株に傷を付け、アオムシサムライコマユバチに対する誘引性を調べると、受容した株を統計的に有意に選んだ。ごくわずかなかおり量の違いを敏感に区別しているのだ［Shiojiri et al. 2012］。アオムシサムライコマユバチのみどりの香りに対する感度も非常に鋭敏で、植物の感度と概ね同程度と予測された。

これらの結果は、私たちが認識できないような超微量の植物のかおりが身の回りの生物間の関係性を紡ぎだしていることを示唆している。私たちに感じられるかおりだけでなく、認知し得ない濃度の植物のかおりを介した生物間の関係性の総体に関する研究を「かおりの生態学」と呼んでいる。

生態系を支える植物のかおり

ここで、図1の視点を組み込んで生態系を視覚化してみよう。図3の一番上の層を見てもらいたい。これは、私たちが視覚で認識できる、食う―食われる関係性の生態系である。その例として植物―寄主幼虫―寄生蜂の連鎖を示した。この関係は、その下にある植物と寄生蜂とのかおりを介した相互作用ネットワーク（第二層）によって支えられているのである。

さらにかおりによる植物間のシグナリングをその下の第三層に組み込んだ。被害植物の匂いを受容した健全植物は、すでに防衛の準備を開始している。そのような準備は第二層に伝わり情報ネットワークに影響を与えている。さらに第一層の食物連鎖にも、植物が普通よりも食われにくくなる、という直接的な影響を与えている。すなわち私たちが認識する生態系は、その下にある目に見えない二つの層の影響を受けて成立していると考えることができるのだ［Yoneya and Takabayashi 2013］。繰り返しになるが、この二つの層では私たちの鼻では検出できないほどの微妙で微量なかおりが重要な情報として機能している。

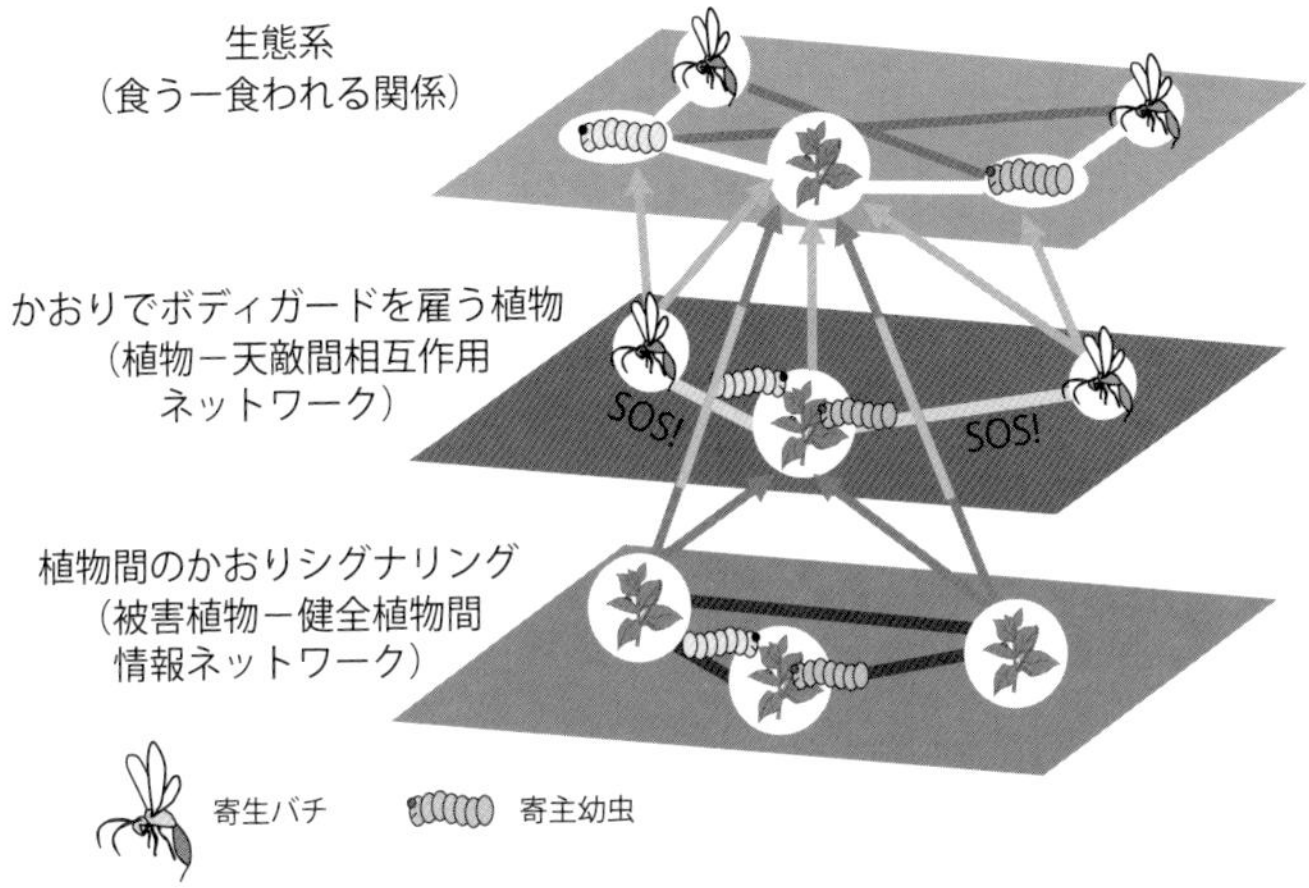

図３　植物のかおりが駆動する生態系の階層性

私たちは、生態系を理解する上では、かおりが駆動するこの二つの層を考慮しなければならない。このような視点で生物多様性を維持している生態系を見直すことで、その新たな姿が見えてくるのではないかと期待している。

参考文献

Ozawar, R, Shiojiri K, Matsui K and Takabayashi J 2013 'Intermittent exposure to traces of green leaf volatiles triggers the production of (*Z*)-3-hexen-1-yl acetate and (*Z*)-3-hexen-1-ol in exposed plants'. *Plant Signaling and Behavior* 8, e27013

Shiojiri K, Ozawa R, Matsui K, Sabelis MW, Takabayashi J. 2012 'Intermittent exposure to traces of green leaf volatiles triggers a plant response'. *Scientific Reports* 2, Art. no. 378.

Yoneya K and Takabayashi J 2013 'Interaction-information networks mediated by plant volatiles: a case study on willow trees'. *Journal of plant interactions* 8: 197-202

第3話

香りの俳句的風景

坪内稔典 Toshinori TSUBOUCHI（佛教大学文学部）

香りの句ベスト3

香りと俳句といえば、ただちに思い浮かべる句がある。次の3句だ。

梅が香にのつと日の出る山路かな　松尾芭蕉《まつおばしょう》
菊の香や奈良には古き仏達
斧《おの》入れて香におどろくや冬木立　与謝蕪村《よさぶそん》

この3句は私にとって香りの句のベストスリーである。この3句を鑑賞しながら、俳句が香りをどのように表現しているか、あるいは、俳句にとって香りとは何かを考えてみよう。

まず、芭蕉の「梅が香」だが、梅の香りがすてきだなあと思っていたら、その香りのなかへのっと朝日が昇ってきた、という山路の風景である。「新潮日本古典集成」『芭蕉句集』は、「梅が香」が季語であることを指摘したあとで、「清爽《せいそう》感あふれる早春の山路の風景を平明な句調で捉えた」と解説しているが、その通りであろう。ちなみに、この句は元禄7年（1694）、つまり芭蕉が亡くなる年の作。

先の『芭蕉句集』には、

梅が香やしらら落窪《おちくぼ》京《きょう》太郎《たろう》

梅が香に追ひもどさるる寒さかな
梅が香に昔の一字あはれなり
梅が香や見ぬ世の人に御意《ぎょい》を得《う》る

などもある。「しらら落窪京太郎」は浄瑠璃「十二段草子」の文句「読みふける草子は何々ぞ。…しらら・落窪・京太郎」を借用したもの。すなわち、古い物語の題名であり、この句は梅の香がそれらの物語を連想させるという風景だろう。梅が香から昔を連想するのは「昔の一字」「見ぬ世の人に」の句でも同様だ。これらの句は紀貫之《きのつらゆき》の歌「人はいさ心も知らず古里は花ぞ昔の香に匂ひける」（『古今和歌集』）を踏まえている。貫之のこの歌は「百人一首」に入っていてとても有名な歌だが、この歌以来、梅の香りは昔を想わせるものになった、と言ってよいだろう。

「梅が香」のイメージ

そもそも「梅が香」は和歌の言葉であった。『万葉集』には大伴旅人《おおとものたびと》らの梅花の宴の歌があるが、和歌の世界において梅の香りは楽しまれてきた。『古今和歌集』の凡河内《おおしこうちの》躬《み》恒《つね》の歌「春の夜の闇はあやなし梅の花色こそ見えね香やはかくるる」は、闇でもはっきりとわかる梅花の香りを讃えているが、梅はまず香りを楽しむものであった。芭蕉もまたその伝統を意識して句を作ろうとした、と言ってよいだろう。

だが、必ずしもうまくは作れなかった。ことに昔を連想する句は、試作、あるいは失敗作のレベルにとどまったのかもしれない。

「梅が香におひもどさるる寒さかな」は、昔を連想するのではなく、今（眼前）の梅の香りを詠んでいる。『芭蕉句集』では「芳《かぐわ》しい梅の花が厳しい余寒のなかに凛《りん》として咲き匂っている。そのさまを見ると、この梅の香に寒さが追い戻されて来たかとさえ思える」と鑑賞しているが、過去から今へと梅の香りが寒さを追い返したというのである。梅の香りや余寒を擬人的に表現しておもしろがっているのだが、やや理屈っぽく、理に落ちた感じがする。これもまた試作のようなものだ、と言ってよいかも。

試作や失敗作のなかから、まさにのっと出現した傑作、それが「梅が香にのつと日の出る山路かな」であった。和歌の伝統を越えた、あるいは見事に伝統を逸脱した梅の香りがこの句には漂っている。それは今の、早朝の、山路の、太陽光にまみれた梅の香りだ。朝の始まりに香るこの香りのなんと馥郁《ふくいく》としていることだろう。

雅俗のせめぎ合い

和歌の言葉の「梅が香」は雅語である。それに対して「のつと」というオノマトペは日常の言葉、つまり俗語である。言葉の次元で考えると、芭蕉のこの句では雅語と俗語が取り合わせになっている。雅と俗がぶつかり、互いに影響しているのだ。「梅が香」は「のつと」と出会って、生々しい今の香りになる。日の出（夜明け）は梅の香りによって芳しい時空になる。俳句は江戸時代に時代の詩として大流行した詩形だが、その特色が雅俗の葛藤にあったことは小西甚一（『俳句の世界』）や乾裕幸（『ことばの内なる芭蕉』）によって説かれている。「梅が香にのつと日の出る山路かな」において芭蕉は見事に雅俗の葛藤をなしとげた。

そういえば、『古今和歌集』には紀貫之の次の歌がある。「梅の花にほふ春べはくらぶ山闇に越ゆれどしるくぞありける」。くらぶ山を越えるとき、闇のなかでも梅の香りははっきりとわかる、という歌だが、貫之の闇の梅に対し、芭蕉は夜明けの梅を詠んで、「どうだい、貫之さん。これが俳句の梅の香りだよ」と自慢したい気分だったかもしれない。貫之は『古今和歌集』の序で、「花に鳴く鶯、水にすむ蛙」を和歌の伝統的風物としたが、芭蕉はその貫之の言葉を踏まえ、花に鳴く鶯には縁側の「餅に糞する鶯」、水にすむ蛙には「古池に飛び込む」蛙を対置し、これが俳諧（俳句）だよ、と言っている（『三冊子』）。鶯や蛙と同様に、

図1　松尾芭蕉（『俳人百家撰』緑亭川柳［川柳五世］編、雄斎国輝［歌川国輝一世］画）国文学研究資料館蔵

芭蕉は俳句の梅の香りを詠んだのだ。

鶯や餅に糞する縁の先

古池や蛙飛び込む水の音

鶯は花に来て鳴く、蛙（かじか）は清流で鳴くという和歌的伝統、すなわち雅の伝統を芭蕉はこれらの句で一新した。「餅に糞する縁の先」という日常的風景、あるいは、鳴く（歌う）のではなく古池に飛び込んで水音を立てるという風景、それらの俗が雅とぶつかってその一新をもたらしたのだ。

ここまできたら次の句を挙げるべきだろう。

手鼻かむ音さへ梅の盛りかな

梅の盛りとあれば芳香が一面に漂っている。そのなかで、手鼻をかむ音がした。その音さえも梅の盛りにはいいものだ、という句。手鼻をかむ音は常識的には汚く、最も俗なものだが、それをも許してしまうのだ。つまり、手鼻が梅の香りによってやや浄化されるということか。いや、異質なものをも受け入れる懐の深さのようなもの、それを梅の花が示しているのだ。手鼻をかむ音を許容することによって。

「梅が香」と「菊の香」

次に「菊の香や奈良には古き仏達」だが、すでに何度か引用した『芭蕉句集』では、季語が「菊の香」であることを指摘した後で「菊の香と古都の古仏との間に微妙に通い合う匂いを感合させ、古雅な詩的世界を創り出した秀吟」と評している。この評、今では定評になっているといってよいだろう。この句も元禄7年の作である。

図2　梅に鶯（広重「花鳥錦絵」）国立国会図書館デジタルコレクションより

梅の香は昔を連想させる、それが和歌的伝統だったが、その伝統を菊の香にまで拡張し、菊の香と奈良を取り合わせたのがこの句の芭蕉の腕のみせどころかも。

ところで、菊の香の句を芭蕉はいくつか作っている。

菊の香や奈良は幾代の男ぶり
菊の香や庭に切れたる履《くつ》の底

図３　重陽の節句（香蝶楼国貞「豊歳五節句遊」）
国立国会図書館デジタルコレクションより

男ぶりの句は仏達の句と同時に作られた。菊の香る奈良は『伊勢物語』冒頭の春日の里の姉妹に恋した男（在原業平《ありわらのなりひら》）を彷彿とさせる、というのが句の意味だが、それがややわかりにくい。だからこの句は人口に膾炙《かいしゃ》しなかったのだろう。履の底の句は、緒の切れた草鞋《わらじ》が庭にひっくりかえっている、という風景。これは菊の香という雅に対して、俗の風景を鮮やかに置いており、前に挙げた縁側の鶯の句に構造的に似ている。

もっとも、私は今、ちょっと困っている。「菊の香」という季語はほんとうに雅なのかどうか。「梅が香」という雅を意識して、それを俳句的に拡張した俳句的香り、それが菊の香ではないか、という気がするのだ。

そう思って、『俳文学大辞典』の「菊の香」を見たら、菊の香という題名の本が4冊も出ていた。いずれも江戸時代の俳句集や紀行文集らしい。「菊の香」は俳句的な言葉ではないか、という気がこういうところからもする。ちなみに、「梅が香」という本は『俳諧大辞典』にはない。

片桐洋一の『歌枕歌ことば辞典増補版』によると、菊は重陽《ちょうよう》の節句の花として和歌に詠まれるようになったらしい。平安時代の貴族は菊に綿をかぶせ、菊の露がしみこんだその綿で顔をふいて不老長寿を願った。また、「色の変わることを讃えたり期待したりした歌」が数多く詠まれた。菊花の露、菊花の色が歌人たちの関心だったらしい。

とすると、「菊の香」は俳句的なのだろうか。芭蕉は、菊の香という俗に対して奈良という雅をぶっつけた？ そうではなくて、やはり「菊の香」が雅、「奈良には古き仏達」が俗の風景だろうか。その場合、「古き仏達」という言い方を俗語とみなしてよいのかも。与謝野晶子《よさのあきこ》は「鎌倉や御仏なれど釈迦牟尼は美男におはす夏木立かな」と詠んだ。「美男におはす」と言って対象を自分と同格化して俗に引き込んでいるのだが、芭蕉の「古き仏達」も同様かも。いや、芭蕉の句を踏まえて晶子は「鎌倉や」と歌ったのかもしれない。

俳句的な香りの表現とは？

なんだかこんがらがってきた。香りの迷宮に入りかけているみたい。

で、話を変えるが、香りは、お香がそうであるように貴族的というか、とても雅なものであった。香を薫《た》くなんていうのは業平や和泉式部にふさわしいが、芭蕉や蕪村には似合わない気がする。芭蕉を敬慕しながら句作をした蕪村は、「斧入れて香におどろくや冬木立」と詠んだが、これはもうすべて俳句的、斧も冬木立も俳句的用語であり、裸木になった冬の木々の新鮮な生命感を香りによってとらえている。

ここまで書いて、ふと気付いた。香りの俳句的風景は、たとえば次の句などに鮮明なのか、と。

蚤虱馬が尿《ばり》する枕元

芭蕉の「奥の細道」に出る句だが、蚤や虱に攻められ、寝苦しい思いをしていたら、馬が枕元でばしゃっと小便をしたというのである。すさまじいばかりの風景だが、芭蕉はそれを珍しい体験としておもしろがっている。ノミシラミウマガ…と列挙する快い響きは彼のおもしろがっている気分そのもの。その気分、馬の小便の音でさらに高揚する。この句、考えてみれば匂いが芬々である。この匂いは香りとは言わないが、でもこれが香りの俳句的風景かもしれない。

写真1　冬の木　ⓒ風を感じて / PIXTA

コラム

森の人になる

阿部健一 Ken-ichi ABE（総合地球環境学研究所）

熱帯林はどんな匂いですか、と聞かれて答えに窮した。30年の間に、さまざまな熱帯林に行っている。あのとき行ったあの森林。その記憶のなかに匂いを求めたが、なにも浮かび上がってこない。

思い出したのは、熱帯林が、昼間は思っていたよりずっと静かだったこと、そして暗くなると急に虫や鳥の鳴き声が耳についたこと。また、少し動いただけで汗ばむ逃げ場のない暑さとともに、湿気を含んだどんよりと重たい空気の触感もすぐによみがえった。

熱帯林の景観は、と問われれば、緑ではなくて灰色の世界ですよ、とすぐ答えることができる。手つかずの熱帯林を歩くと意外なほど緑は少なく、二抱えも三抱えもある巨木の幹のみが視界に入る。実際には灰色ではないが、うっそうとした緑の世界であることが裏切られた印象が灰色というイメージとして残った。生きものの豊かな緑の世界は、地上から30メートルも40メートルも離れた樹冠のなかにある。

その樹冠を見上げたときに、樹冠の間から見えた空の青さも熱帯林の風景として挙げることもできる。見上げている自分がそこに落ち込んでゆくような不思議な気分になった。夜になるとそこに考えられない数の星がまたたいて、今度は息が詰まるような気分になった。今でもそのときの感覚は鮮明である。

五感のなかで、嗅覚はどこかほかの感覚とは異質である。記憶として残りにくいところがある。

そのことは近年の脳科学が明らかにしている。嗅覚だけは「大脳新皮質」を経由せず、直接「大脳辺縁系」につながっているらしい。つまり、匂いは、本能や喜怒哀楽といった感情と深くかかわっているということだ。学習や経験によって獲得するような、形而上的な分析能力とは切り離されている。誤解を恐れずにいえば、生得的な領域ではなく、文化的な領域に属するということである。匂いの記憶を、イメージとして、あるいは言葉

写真１　熱帯林を見上げる（ボルネオ島）

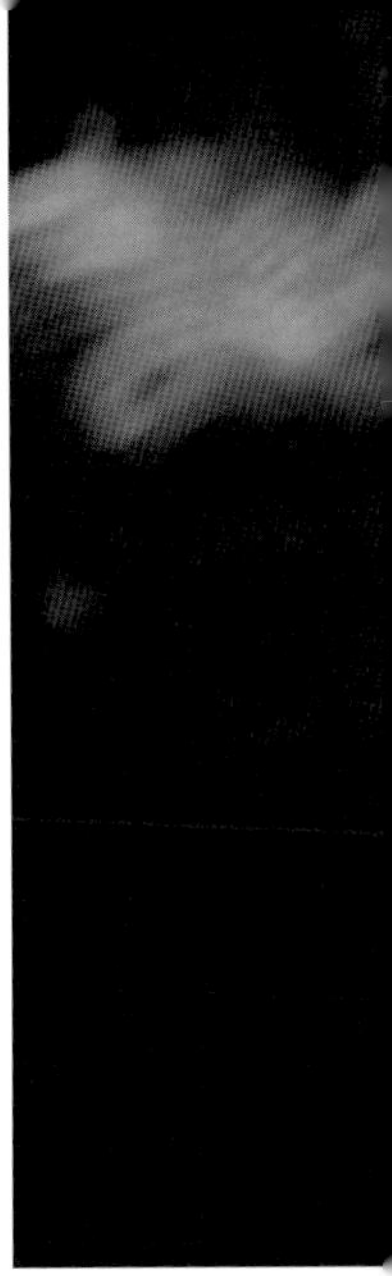

写真2　マレーシアのオラン・アスリ（森の人）

によって記憶し、再現することはきわめて難しい。

逆に言えば、匂いの記憶は、脳の奥深いところにいつのまにかひそかに仕舞い込まれているということである。時折取り出して塗り換えられることもない。そしてある日突然思わぬときに、強烈な情動となって過去を蘇らせる。プルーストのマドレーヌ菓子のエピソードがよく引用される例だが、匂いがもつ記憶の喚起力は19世紀文学の常套句であった。

若い頃熱帯林に関わって、この森林の保全について考えてきた。あれやこれや書き散らかしている。生物多様性、生態系サービス、ＲＥＤＤ＋などの概念に乗っかったり、批判したりしながら、熱帯林がいかに人類にとって大切なものであるのか、さまざまに論じてきた。

しかし、なぜ熱帯林を護らなければならないのか、という根本の問いに、自分自身で本当の答えを出していないのでないかと思うことがある。理屈をこねまわしているだけでないか、とどこかで自分を疑っている。熱帯林の価値を金銭換算して保全に導くようなやり方ではだめでないか、と指摘しながらそれに代わるものを提示できないでいる。

今は安易に答えを出すよりも、考え続けたいと思う。それでも、いやだからこそ、ある日何かのにおいを嗅いだ拍子に、熱帯林での経験が言葉でなく強烈な感覚として立ち現われ、森についてノスタルジックに熱く語れるようにならないか、と願ってしまう。

森の人になりたいのである。

写真3　熱帯林の林冠を抜ける（マレー半島）

撮影（すべて）：筆者

【第Ⅵ部】

第六感

感情、記憶、力さま……。世界は不思議なことに、そこに「存在」するものとそこには「存在」しないものでできている。人の心は常にさまざまな目に見えない存在を感じ、おそれ、あがめ、動かされる。それは人と環境とのつながりの本質に根ざしているのではないだろうか。

第1話

聖地であるということ

土地と人のつながりのなかにある聖地

嶋田奈穂子
Nahoko SHIMADA（京都大学東南アジア研究所）

消えた神社、消えない森

そこには大きな木が一本と、そのまわりに少しの小さな木が生えているだけで、普段は誰も、何の気にも留めずに通り過ぎていく空き地である。私も毎日、その空き地の横をランドセルを背負って通り過ぎていた。その空き地のわきにはオシロイバナが生えていて、学校帰りに種をとっては剥いて遊ぶ、そんな場所だった。ただそこが普通の空き地と違うのは、小さな祠がぽつんとあること。そして、朝方、どこかのおばあさんがその祠の前に置いてある盃のお水を替えていたということ。

そう、普通ならただの空き地にしか見えないこの場所は、近隣の人たちからは「ユドの森」と呼ばれる森だった。かつて、正式には「野椎《のじい》神社」という神社だったそうだが、明治時代に国の政策に従って近くの神社に合祀されてから、ここは神社ではなくなった。だから今、ここを〝空き地〟と呼ぶことは大きな間違いではないのかもしれない。神社の合祀というのは、複数の神社を一つにまとめて整理することである。国の精神的柱としての神社の権威の確立や、村の共有地の効率的な管理を目的として明治政府が推し進めた政策の一つである。手続きは、村が役所に〝合祀願い〟を提出し、その神社のカミさまを合祀先の神社に遷す儀式を行って、その儀式が完了したことをまた役所に報告し、これで合祀が完了する。事務的な作業にみえるのだけれど、現実には、行政による合祀の強要やそれに対する地域住民の反対運動などが各地で起きた。「とにかく神森ありての神社なり」といって神社合祀に猛烈に反対した南方熊楠《みなかたくまぐす》の運動などはよく知られている。そのため、昭和に入ってから合祀された神社を復活させる「復祀」が行われたところも少なくない。

ユドの森の場合、復祀はされなかった。だからここは「神社」ではないし、確かに鳥居などもない。しかし、今でもここには木が残され、一番大きな木には「村共有地　立ち入り禁止」と書かれた板が巻かれている。もう、村はとっくに町に編成されているのに。そして祠があって、おばあさんは盃の水を替えていた。書類上、「野椎神社」という場所は消えた。しかし、現実にはこの森の何が変わったのだろうか。私にとってユドの森は、聖地の本質は一体何かという問いへの入口である。

暮らしの隣にいるカミさま

呼び方は、その相手と自分との距離を表す最も簡単な指標かもしれない。

90歳を過ぎた私の祖母は、ユドの森を「野椎神社」とは呼んだことはない。もっとも祖母がこの地域に嫁いできた昭和20年代にはすでに「野椎神社」はなかったのだが、祖母はそこを「ユタの森」と呼んでいた。「ユタの森にカルガモが出るそうや。見に行こ」と、幼い頃に連れられた記憶がある。今思うと、それほど自然環境が豊かではない地域においては、木が少しばかりあるだけのユドの森のような場所でも、動植物の住処として貴重な場所だったのだろう。

ところで、神社がその地域において別名をもつのはよくあることである。それは、たとえば野椎神社にとっての「ユドの森」や「ユタの森」のように、地域で親しみを込めて使われている愛称のようなものだ。だから同じ地域のなかでも、呼び名が人によってさまざまに変わることもよくある。ある集落の神社の調査をしていたときだった。その神社の名前が記された額や石碑などがどこにも見当たらなかったので、神社の近くにおられた人に尋ねたことがある。3人に尋ねたが、3人とも見事に違った名前を言われて驚いた。「下の宮さん」、「宮参りの宮さん」、「天神さん」。みな違う名前だったけれど、どれも敬いと親しみが感じられる呼び方だった。この神社は、人の暮らしのすぐ隣にあるのだと思った。

いそべさんとかぶらこさん

三重県志摩市磯部町に伊雑宮《いざわのみや》という神社がある。伊勢内宮の別宮10社うちの1社で、2013年に行われた内宮の遷宮に引き続き、2014年には伊雑宮でも遷宮が行われた。伊雑宮の神殿は、内宮と同じく神明造《しんめいづくり》と呼ばれる形式の建物で、ヒノキの白木で建てられる。白木というので白っぽい木造の建物を想像するが、遷宮直後の伊雑宮は、すべてが黄金のように輝く。雨上がりともなると、境内を囲む照葉樹林の濃い緑とのコントラストによって、それが

写真１　二見興玉神社の大注連縄張神事

夫婦岩として知られる二つの岩にかける注連縄を張り替える神事。沖合 700 mに沈む興玉神石を拝む際の鳥居の役割をするという。

より一層際立つ。神殿だけではない。新しく造り替えられた鳥居、手水舎などもみな美しい金色になるのである。鳥居をくぐると、手入れが行き届いた境内に建物が整然とたたずみ、少し緊張感さえする雰囲気がある。内宮の別宮とは内宮に次いで尊い宮とされており、それが肌で感じられる空間である。

一方、地元では漁師や海女の信仰が厚い。伊雑宮の御神田で毎年行われる御田植祭の日には7匹の鮫が遡上し伊雑宮に参るという伝承から、漁師や海女はこの日、一斉に休漁する習わしがある。地元では、伊雑宮を「いぞうぐう」や伊雑宮が鎮座する地名にちなんで「いそべさん」と呼んでいる。これを聞くと、なんだか少しホッとした気になる。内宮の別宮という、有難いけれども少し近寄りがたい「伊雑宮」が、暮らしに寄り添う身近な聖地に見えてくる。

伊雑宮は内宮の別宮であると同時に、927年の『延喜式神名帳《えんぎしきじんみょうちょう》』に記載された延喜式内社伊射波《いざわ》神社であり、また志摩国一の宮であるとも考えられている。しかし、実は延喜式内社伊射波神社も志摩国一の宮も、まだはっきりとどの神社であるのか確定していない。2つの神社がその可能性をもっていると考えられ、議論されている最中である。その1つが伊雑宮で、もう1つが鳥羽市安楽島町の伊射波神社である。

伊射波神社は加布良古崎とよばれる岬の頂上に鎮座している。一の鳥居はその岬への登り口に立っている。鳥居のすぐ前は小さな入り江になっていて、すぐそばに魚介を採る漁船が浮かんでいる。岬を包むように茂る照葉樹林の森は、海からはどんなふうに見えるのだろう。誰が始めたのか、鳥居の根本には海岸に打ち寄せられた美しい形の石が並べられている。このような神社の立地や様子からもわかる通り、伊射波神社は海上守護の社として漁業関係者の信仰が厚く、地元ではここを「かぶらこさん」と呼んで慕っているという。

神社は、岬の手前の集落からは1.5キロメートルほどの距離にある。鳥居からはトベラやツバキの茂る斜面となり、それを登りきったところに社がある。神殿の前の拝殿にはベンチが置いてあって、休憩所のようになっている。私が座っていると、一人のおじさんが息を切らせて入ってこられた。ジャージにウォーキングシューズ。挨拶を交

写真２　大注連縄張神事の際、張り替えるための新しい大注連縄
見物客も総出で陸から夫婦岩に渡す。これも、人と土地（聖地）がつながるときである。

写真３　伊射波神社の一の鳥居
目の前にはすぐ、美しい入り江。鳥居の内側には鬱蒼とした照葉樹林の森。

撮影（すべて）：筆者

すと彼はベンチに腰をかけた。息が整うと彼は屈伸をして、ポケットから取り出した小銭をお賽銭箱に入れ、パンパンと手を打って頭を下げ、また駆け足で下りて行った。日課なのだろう、すべてが慣れた感じである。この拝殿兼休憩所には、芳名帳と一冊のノートが置いてある。見ると、毎日誰かがお参りに来ている。私のように遠方からの参拝者もいるが、地元の人がほとんどである。なかには、同じ名前が3日に1回のペースで書かれている。ノートには日常の挨拶のような一言が多い。「今日も元気でお参りできました。ありがとうございます」、「病気が治って、またここまで登ることができました」。この場所が地元の人の日々の生活とつながっていること、人びとにとって身近でありながら特別な場所であることがよくわかる。このような人たちにとって、伊射波神社が延喜式内社かどうか、あるいは志摩国一の宮であったかどうかということは、そんなに大きな問題ではないのではないか、と私は思う。そんな歴史的背景を抜きにしても、ここは「かぶらこさん」として地域の暮らしのなかに生きている。

いくつもの聖地

日本の神社の本質的な特徴は、次の2点にあると考えている。1つは、個人のものではないということ。集落など共同体のなかで、そこにカミさまがいることをみんなが共通して認識し、みんなで畏れ敬う場所だということだ。もう1つは、それぞれの神社に、固有の土地、固有の歴史があるということ。つまり、一口に神社といっても、それらは一つひとつ異なる社会的・歴史的背景、生態環境をもっている。同じものは一つとしてない。いくつもの聖地があるのだ。

このような聖地の本質について考えるとき、それが「神社」であることを忘れてみたほうがよいのかもしれないと思うことがある。「神社」としての歴史を無視するという意味ではない。ただ「神社」という社会的枠組みをはずしてみたいのである。そのときそこに残るもの、それが聖地としての本質を考えるヒントになると思うからだ。「神社」でなくなったそこは、ただ、集落のなかの森であったり、巨木であったり、広場であったりするのだろう。あるいは、集落とは離れたところにある美しい山の麓や、滝の前や、水源であるのかもしれない。そして、その土地を地域の人びとはさまざまに呼びかけ、語り、受け継ぐ、その事実が残るに違いない。まだ確かめてはいないのだけれど、自分たちが生きる土地の履歴、物語のリレー、それが聖地の本質のような気がしているのだ。そしてそれを受け継ぐ方法は、祭祀や文書といったものだけではなく、日常生活のなかの何気ない人とその場所とのつながりのなかにもあるに違いない。

人と土地のつながりのなかに

共同体共有の聖地は、沖縄の御嶽や種子島のガロー、鹿児島のモイドンなど、神社以外にもさまざまある。そしてこれらは日本だけのものではなく、東南アジアや遠くマダガスカルなど、広い範囲に存在している。大宗教とは異なり、地域ごとにその自然環境や人びとの生き方に根差した姿で存在し、独自の方法でそこに生きる人とつながっている。いくつもの聖地。その土地と人とのつながり方。こういった視点で聖地を見つめるとき、あのおばあさんの目に映っていたであろうユドの森に生きるカミさまを、鮮やかに描くことができるのではないかと思う。

参考文献

斑鳩町史編集委員会編　１９７９『斑鳩町史』斑鳩町役場
喜多村理子　１９９９『神社合祀とムラ社会』岩田書院
櫻井治男　１９９２『蘇るムラの神々』大明堂
盛岡清美　１９８７『近代の集落神社と国家統制』吉川弘文館

第2話

火葬と生命観

関沢まゆみ
Mayumi SEKIZAWA（国立歴史民俗博物館）

公営火葬場の普及

現在、日本各地を見渡してみても、すでにほとんどの地域で公営火葬場の利用による迅速な火葬が普及している。しかし、それらの新しい公営火葬場の建設が進められたのは大部分が昭和40年代であり、まだ利用の歴史は浅い（1999・2000年『国立歴史民俗博物館資料調査報告書9　死・葬送・墓制資料集成』参照）。

それ以前の日本各地の長いしきたりとしては土葬が主であった。東京や大阪など人口の密集する都市部では墓地不足への対応から比較的早くから火葬が採用されていたものの、農山漁村部では土葬が一般的に行われていた。野外の焼き場での当番の村人たちによる火葬は、安芸《あき》門徒や越前加賀などの浄土真宗門徒をはじめとする中国地方、中部北陸地方、東北地方などのごく一部の地域で行われていたにすぎなかった。昭和30年代から昭和40年代にかけての高度経済成長が、生業や運輸や衣食住等々をはじめとして葬儀や結婚式などにいたるまで、日本各地で営まれていたそれぞれの土地の伝統的な生活のあり方を大きく変えたのである。

写真１　昭和30年代に行われた火葬の様子（山口県下関市豊北町）
法船寺蔵　写真提供：山口県総合企画部スポーツ・文化局県史編さん室

火葬の体験談

私が初めて野焼き、つまり古くからの火葬の体験者の話を聞いたのは、１９９４年、新潟県南魚沼郡津南町《つなんまち》の雪深い村でのことであった。当時78歳の男性は自分の親を村はずれの墓地にある焼き場で焼いたといい、その体験を詳しく聞くことができた。葬式の世話や火葬や埋葬などは近隣の家同士の相互扶助で行われるのがふつうなのに、その村では子どもが自分の親を焼くという話を聞いて大変驚いた。「火葬は子どもがやるもので、そんないやな仕事は他人には頼めない、子どもしかやる人はいない」と言われたのである。この村で昭和35年頃まで行われていた火葬の慣習では、坐棺にして荒縄できつく縛った親の遺体を棺に入れて、野辺《のべ》送りで墓地の焼き場までいくと、死人を棺から出して腹ばいにし、水にぬらした莚で巻いて、それから一晩かけて薪でじっくりと燃やしたという。焼いている途中、荒縄が焼き切れると死人が立ち上がったなどということもよくあった。気味の悪い作業だが、とにかくきれいによく焼けるように、途中、棒でつつきながら焼いたものだという。

死霊畏怖と死穢忌避の伝統

腐敗しやすい遺体、浮遊しやすい霊魂、死とは何か、生命とは何か、古くからの民俗の慣習が伝えていたのは、第一に、死者というのは生前の個性をもつ人間としての存在ではなく、死霊となってこの世の人間を死の世界へと引きずり込もうとする危険で恐ろしい存在となる、という考え方であった。そして第二には、その死者の霊魂つまり危険で不安定な死霊を、安定したあの世の存在として完全に送るには、ていねいな葬送の儀礼と一定の時間が必要である、という考え方であった。だから、葬儀を構成する要素として注目されてきたのが、檀家的な仏教信仰の上では僧侶の読経《どきょう》と戒名《かいみょう》と引導《いんどう》渡しと焼香《しょうこう》などの儀礼であり、民

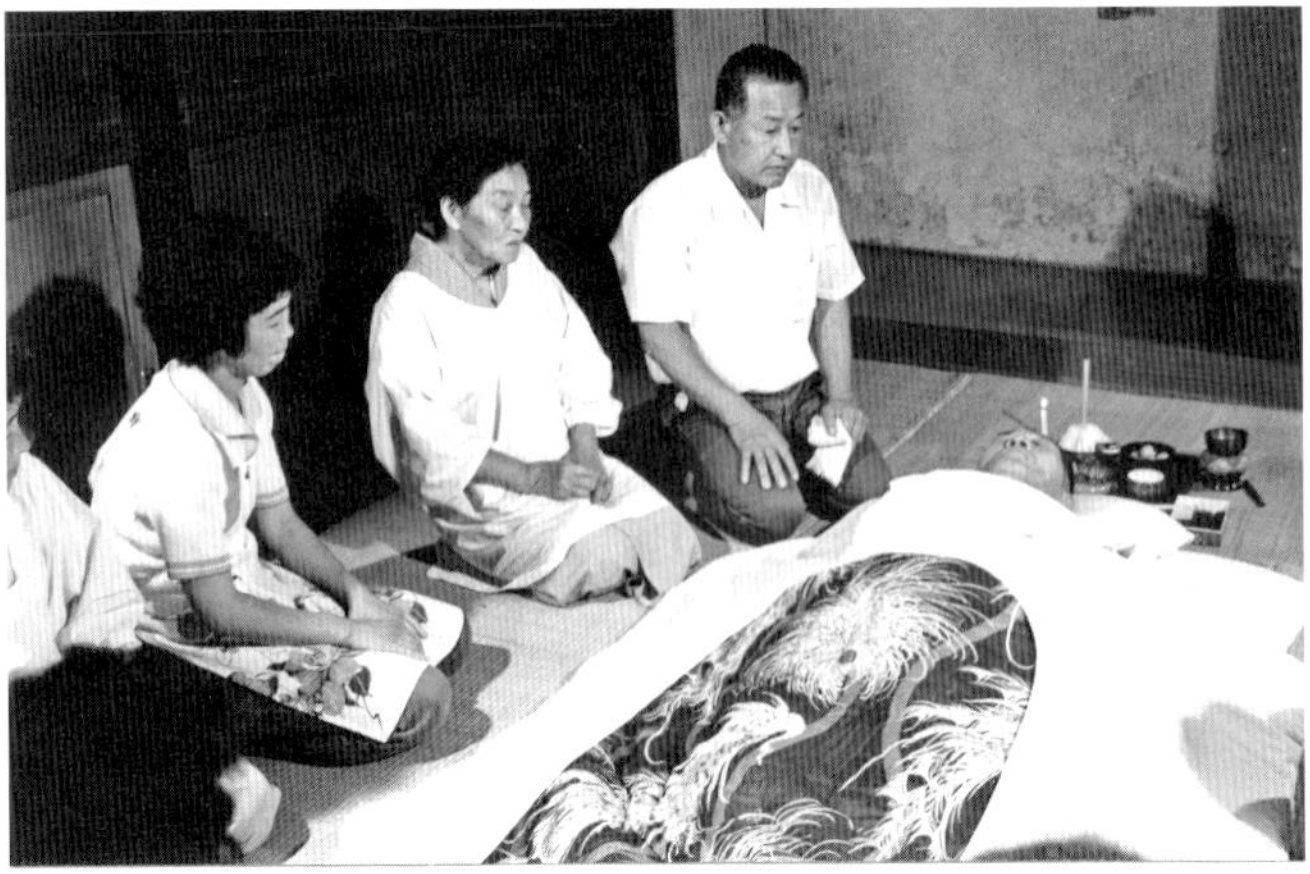

写真２　北枕　写真提供：埼玉県立嵐山史跡の博物館

人が死ぬと死者を北枕にし、枕元には、枕飯を供え、ローソクの火と線香を絶やさないようにする。

俗の伝承のなかでは米の力と火の力の活用であった。

僧侶による引導渡しは現世から他界へと移行する死者に対するこの世との断絶とあの世での安定化のための宗教的儀礼である。民俗のなかでの米と火の習俗は現世から他界へと移行する死者にとって、その中間的で曖昧で不安定な状態にある移行の時間と空間とを、環境的に安全にカバーしておくための道具立てであった。

現世と他界との中間的な曖昧な領域にある死者に対しては、枕飯《まくらめし》や枕団子《まくらだんご》が必要であり、その境界的な時空を守る固有の火も必要であると考えられてきた。死者のそばで焚く火を絶やしてはいけないといって、通夜から葬儀まではもちろん、ローソクや線香の火が死後四十九日まで焚きつづけられていたのである。また、寺送りの米や四十九日の四十九餅の習俗などが、米の力が葬送には必要不可欠であったことを示していた。死者の霊魂は四十九日の間はまだあの世に旅立たずに家の屋根にとどまっていて、四十九の餅を搗く臼と杵の音を聞いて旅立っていくのだという伝承が各地に広くみられた。また、死者の不安定さをカバーするための習俗として際立っていたのは、さまざまな魔除けの習俗であった。遺体の上には魔除けの刃物が置かれ、逆さ屏風をめぐらせたり、猫を近づけることが強く忌まれたりもした。

火葬と「遺骨葬」

前掲の国立歴史民俗博物館の資料調査で１９９８年当時に話題になったのは、葬儀の前に先に火葬をしているという東北地方の事例報告に対して、石川県や愛知県の調査委員からそれは断固おかしいと反撥があったことであった。反撥した委員は２人とも民俗学の研究者でもあり寺院の住職でもあったが、読経や念仏そして引導渡しなどでお性根《しょうね》を抜いていない生仏《なまぼとけ》を焼くなど、もってのほかであるという意見であった。当時はまだ、その方法を何と呼ぶかその呼称は一般化してはいな

写真３『親鸞聖人伝絵』（1295）下巻第６段より　親鸞聖人の火葬の場面
専修寺蔵

「延仁寺乃五三昧處也」とある。三昧とは墓地の意味である。右方には額に三角布をあてた僧侶、上方には五輪塔など墓石がみえる。

かったが、その後まもなく「骨葬《こつそう》」という言葉が使われるようになり、東北地方だけでなく九州地方でも、また東京都などの都市部でも広く一般化してきて今日に至っている（民俗学の概念としてあらためて言語と概念を整理するならば、従来の「遺骸葬」に対する新たな「遺骨葬」という対概念で捉えるべきである。関沢「土葬から火葬へ」『国立歴史民俗博物館研究報告』第191集）。また、2003～2004年あたりから「直葬《ちょくそう》」といって僧侶による葬儀をせずに火葬のみですませる方法も現れてきている。

このような大きな変化を前にしてみると、北陸地方や愛知県の一部また広島県西部など、古くから火葬という葬法に慣れてきていた地方では、現在もまだ葬儀の後で火葬するという伝統的な方式が守られていることが逆に注目される。そこには遺体から霊魂を抜き出す引導渡しの儀礼、つまり檀家寺や門徒寺の住職による読経や念仏などの葬儀を必要とし重視する考え方が根強く残っていることがわかるのである。

それに対して、伝統的に土葬が行われてきていてそれまで火葬の仕方を知らなかった地域社会においては、急速に葬祭業者の関与と公営火葬場の利用というまったく新しい便利なサービス提供が実現してきた場合、先に遺体を火葬してしまうことにさほど抵抗感もなく従っていったという展開が、東北地方や九州地方などの事例では看取できるのである。つまり、「遺骨葬」の流行の背景にあるのは、基本的には、(1)火葬への不慣れであり、それに加えて、(2)病院死、(3)葬祭業者の利用、(4)霊柩車の利用、(5)公営火葬場の利用、という5つの要素であるといってよい。そして、火葬化への不慣れを除く、(2)〜(5)の新たな4つの要素とは、まさに高度経済成長期を経た昭和40年代以降に日本の社会に急速に普及してきたものであり、その特徴は、①衛生的、②便益的、③効率的、という3点である。

死霊から死者へ

病院死、葬祭業者、霊柩車、公営火葬場という4つの新しい要素がもたらしたもの、それは古くから伝統的であった死穢《しえ》忌避の観念や死霊畏怖の観念にともなう魔除けや清めなどの儀礼や習俗の簡略化から喪失へという変化であった。そして、儀礼や習俗の簡略化や消失は、やがて感覚や意識の変化へとつながる。死穢忌避や死霊畏怖の観念それ自体の希薄化、そしてその喪失へという大きな変化が、2000年以降、現在日本の各地で進行している。それら4つの要素による「死と葬儀の商品化」は、人びとを死という現実から遠ざけることとなった。腐乱しながら死臭とともに死穢を発散する遺体と、浮遊する死霊や近づく魔物に囲まれながら多くの儀礼と長い時間をかけてゆっくりと成仏へと向かう死者の霊魂、というイメージは急速に失われてきている。そして、死ねば業者まかせで簡単便利な遺体処理が可能となり、それによって死者もそのまま他界へと旅立つことができる、というイメージが広まってきているのである。

火の力

葬儀における火の力には、火のもつもともとの3つの属性、つまり、①燈火、②熱煮、③焼却という3つの力があり、それぞれがよく機能している。死後四十九日まで死者の側で焚かれつづけるローソクや線香の火は、①燈火、である。それは生と死の境界領域における移行中の真暗闇のなかでの不安定な死者に対して、外部から遮断して特別の世界を設定するための燈火である。それはいわば「境界の火」であり、死者を安定化させる「固有の火」と読み取ることができる。オリンピックの聖火が、そこに特別な時空を設定するというのにも通じる火の象徴的な機能の一つである。また、ふだんの竈《かまど》とは別の別火《べっか》の竈で炊かれる枕飯や早団子、また葬儀への参加者で共食するお斎《とき》の膳などを煮炊きする火は、まさに、②熱煮と調理の火、である。葬儀という生と死の中間的な時空への参加者たちを、ふだんの生活から隔離し結集させておく「固有の火」と読み取ることができる。

それに対して、火葬の火は、③焼却の火であり攘却の火である。汚穢なものを焼き清める、清めの火である。死体と死霊と死穢という不気味で恐怖すべき対象を火で焼却して処理するとき、それは清めの意味をもちながらその果てには聖なる遺骨の抽出へと展開する。そして、抽出された遺骨灰は、死者の記憶か忘却かへの分

写真４　甲賀斎苑　撮影：筆者

煙の出ない最新式の炉を持つ火葬施設。外観も和風数寄屋造り。滋賀県甲賀市。土葬が行われていた地域であるが、2001年４月に使用が開始されると火葬率はすぐに９割をこえた。

写真５　京都、大文字送り火　撮影：永田陽

8月16日、盆の終わりに死者の霊を送る。

岐点上の記念物《メモリアル》となる。まさに焼却とは浄化であり、葬儀という「切断と接続」の儀礼において、火は最も強力な死と再生の機能をもちつづけてきているのである。

現在、急速に普及してきている衛生的で簡便な公営火葬場の装置は、遺体の焼却から浄化、記念、再生へという葬送の基本がきわめて効率的に実現できる仕掛けである。そのまったく新しい効率的な葬儀は、古くからの仏教的な儀礼や民俗の多様な習俗や、およそ49日間の時間の経過などのなかで果たしてきた意味深い火の機能を見えにくくはしている。しかし、現代社会における「遺骨葬」や「直葬」の急速かつ広範な普及のなかにあっても、①燈火、②熱煮、③焼却、という原理的な「火の力」が新たな葬儀のそれぞれの場で機能していることに変わりはない。「切断と接続」という儀礼に「火の力」は欠かせないのである。

第3話

虫の妖怪と俗信

今井秀和 Hidekazu IMAI（大東文化大学）

日本人の「虫」観

日本の民俗文化に深い関心を示していた作家、小泉《こいずみ》八雲《やくも》（ラフカディオ・ハーン）は、『怪談』（原題 Kwaidan）で広くその名を知られている。しかし、八雲は怪談奇談のみならず、日本の虫をもこよなく愛していた。八雲は毎年、自宅の虫籠から聞こえる虫の声を楽しみにしており、その寿命の長短に一喜一憂していたという。こうした傾向が随筆「草ひばり」「虫の楽師」「虫の研究」や、ちりめん本『化け蜘蛛』など、虫を題材にした作品に実を結ぶこととなる。このほか「ある日本の庭で」においても、後述する虫の妖怪「お菊虫」その他について触れている。八雲の怪奇趣味と虫への偏愛は彼個人の趣味に留まるものではなく、すこぶる日本人的な傾向であった。日本における虫の妖怪と俗信について、さまざまな例を紹介しながら考えていきたい。

端的に言ってしまえば、虫は人にとっての異物である。その姿や行動は、人や獣からはかけ離れており、潰せば緑や茶色の体液を垂れ流して死ぬ異形の存在である。また、人を刺して病気を媒介したり、農作物に害を与えたりする、いわゆる害虫も多い。のちほど詳述するように、こうした人

図1　『百鬼ノ図』（部分）　国際日本文化研究センター蔵
トンボの妖怪を、ハマグリの妖怪が指さしている。

間にとってのマイナス面が、虫に関する負の俗信や、不気味な虫の妖怪を生み出してきた。しかし、すべての虫が人に害を与えるわけではない。虫は高い身体能力を持って広範囲を飛び回り、美しい声で鳴き、集団社会を築いて戦い、子を育て、餌を食べて交尾しては短い一生を終えていく健気《けなげ》な小動物、いわば観察可能な〝小さき異形の隣人〟としても認識されてきた。日本人は古くから、虫に「畏怖」と「シンパシー」というアンビバレントな感情を抱き続けてきたと言える。

　現在の日本で「虫」と言えば、たいていは昆虫および昆虫以外の節足動物の一部（クモ・ムカデなど）、またカタツムリなどの陸生貝類や寄生虫などを指す。しかし、前近代的な価値観においては、人・獣・鳥・魚以外の動物はたいてい虫であった。中国由来の漢字において虫扁で表現される蜘《く》蛛《も》・蛇《へび》・蛙《かえる》・蝙蝠《こうもり》・蟹《かに》・蛤《はまぐり》・蛸《たこ》などを思い浮かべればよい。古代中国の「虫」観と日本のそれとはイコールではないが、ここに列挙した漢字を見れば、大体の枠組みはつかめるだろう。虫とは本来、人からかけ離れた動物を指すための総称なのである。日本で蛇を長虫《ながむし》と呼ぶことからも、それがわかる。虫は、その醜さあるいは美しさ、奇怪な行動、そして何より〝小さい〟という特性から、人とは違う特別な力を宿した生物だと考えられてきた。とくに日本は、古くから自然の霊威の発現として、また風流の対象として数多の虫を眺め続けてきた、稀に見る〝虫愛《め》ずる国〟であった。

図2 『後鳥羽法皇の夢中にあらわれる妖怪の図』（部分） 国立歴史民俗博物館蔵

異形の群れのなかに、虫の妖怪の姿も混じっている。

虫にまつわる俗信

幼い頃、蚯蚓《みみず》に小便をかけると性器が腫れるといって年長者から脅された男性は多いだろう。また、現在も残る「虫の知らせ」「腹の虫がおさまらない」「虫が好かない」などの言葉からも明らかなように、かつては単なる寄生虫にとどまらない、神秘的な「腹の虫」の存在が想定されていた（図3）。このように、虫にまつわる俗信は現代にも尾を引いている。

古代から、蛇など脱皮を繰り返して成長する虫（不完全変態）や、蝶などサナギを経て劇的に姿を変える虫（完全変態）は、死と再生を連想され、神聖視されてきた。『日本書紀』には、アゲハチョウの幼虫らしき「常世《とこよ》の虫」を神とあがめる新興宗教の流行が記録されている。中世の『古《こ》今著聞集《こんちょもんじゅう》』などには、建築の際に釘を貫通されたまま長期間永らえる蛇や蜥蜴《とかげ》の説話がある。江戸の『西鶴諸国《さいかくしょこく》ばなし』では、天井裏に釘付けにされていた守宮《やもり》が原因となり、女性が寝込んでしまう。こうした話は、何らかの呪術を発想の源にしたものと推察される。たとえば、江戸の遊女は紙で作った蛙を針で刺したものを手箱に入れ、馴染みの客が自分のもとに「帰る」よう願掛けをしていた。

図３　『針聞書』より　九州国立博物館蔵　撮影：岡紀久夫
人の腹に住み、大酒を飲む原因となる「大酒の虫」。

　虫を人間の霊魂として眺める文化も歴史が長い。優雅に飛び回る蝶や蛍は、死者の魂や、遊離する生者の魂に見立てられてきた。また、お盆に見られる蜻蛉《とんぼ》はこの世に戻ってきた祖霊であるといい、精霊《しょうりょう》蜻蛉と呼ばれる。こうした、虫に関する繊細な連想がある一方で、長く不気味な存在として認識されてきたのが蜘蛛である。ただし蜘蛛は不気味である反面、幾何学模様の美しい巣を作り、害虫を駆除してくれる益虫でもある。古くは細蟹《ささがに》とも呼ばれ、吉兆を示す神聖な存在と考えられてもいた。現在でも各地に、朝見る蜘蛛は縁起がよいが、夜見る蜘蛛は縁起が悪いので殺すなどの風

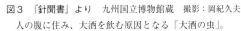

習が残っており、蜘蛛に対するイメージの二面性があらわれている。予兆という面では、カマキリやカタツムリなどの行動で天気を占うという、ある程度合理性を有した虫の俗信も各地に伝わる。

虫の妖怪

完全に分け切ることはできないが、虫を妖怪として捉えるイマジネーションの背景は、その実害から発想されたものと、不気味な外見から発想されたものに大別できる。実害から発想されたものとしては、古代、怪異のあらわれと捉えられていたサバエや、虫送りの習俗に関わる実盛《さねもり》虫などがあげられる。実盛虫（イナゴ）は稲の害虫であり、齊藤別当《さいとうべっとう》実盛の怨念が化したものという。藁で作った実盛人形を村外に追い払う祭りが虫送りであり、現在も各地で行われている。福井県の善徳虫や山梨県の平四郎虫など、作物に害を与える虫も、非業の死を遂げた人物の怨念と考えられている。その正体はカメムシなどの害虫である。また

図4　『絵本百物語』巻五　第卅八「恙虫」　川崎市市民ミュージアム蔵

ツツガムシも、人にもたらす害の深刻さから妖怪と見なされていた。

「恙《つつが》ない」という言葉の語源であるツツガムシも、人を刺して高熱を発生させる害虫であり、妖怪的な存在として認識されていた（図4）。

一方で、いわゆる害虫ではないものの、妖怪と考えられている虫もある。たとえば蛍火（蛍の光）は、古代においては得体の知れない怪火として認識されていた。これは、本来闇であるはずの夜間

に光を放つという習性によるものである。このように、人からかけ離れた異形性や異常な行動から、妖怪とされる虫も多い。すでに俗信のところでも紹介したが、不思議な巣を張って他の虫を捕食する蜘蛛などは、長きに渡って妖怪視されてきた。古代の『風土記』で、朝廷にまつろわぬ異民族の呼称として用いられていた語である「ツチグモ」は、中世の絵巻では山中に蟠踞《ばんきょ》する大蜘蛛の妖怪に姿を変える。しかし、その姿には蜘蛛のみならず、頭部には獣あるいは鬼、脚部には昆虫のイメージが混在している（図5）。

蜘蛛や蛇、蝦蟇《がま》などは、古代から近代に至るまでずっと神秘的・妖怪的な存在として見なされてきた虫であると言える。蛇は記紀神話などに数多く登場する異形の神であり、古代には蝦蟇もタニグクという「知」の神であった。俵藤太秀郷《たわらとうだひでさと》が、大百足《おおむかで》に姿を変えた赤城山の神を退治するという伝説も人気があり、幾度も文芸作品の題材になっている。本来は小型であるこれらの虫が妖怪となる場合には、巨大化した姿で表現されることが多い。江戸文芸においては巨大化した虫たちが、妖術や妖怪として大人気を博すこととなる。たとえば大蜘蛛の妖術がマンネリ化すると、やがて大蝦蟇の妖術がこれにとって代わり、ついには昭和の忍術映画や平成のマンガ・アニメ・TVゲームにまでその命脈を保つ「自来也《じらいや》モノ」に繋がっていくのである。

また、外見を人に見立てた妖怪もある。最も広く知られたところでは、平家の怨念が姿を変えたという平家蟹がある。これは、甲長数センチの小さな蟹であるが、甲羅に浮かび上がった人面の模様から、平家の怨念のあらわれとされたのである。皿屋敷のお菊が変じたというお菊虫（図6）も、江戸から近代にかけてよく知られた虫であった。その正体はジャコウアゲハのサナギであり、見ようによっては後ろ手に縛られた人間の姿をしている。正体を等しくする虫の妖怪に、僧の怨念が変じた「常元虫《じょうげんむし》」なるものもある。

図5　『土蜘蛛草紙絵巻』（部分）　国際日本文化研究センター蔵

日本人の死生観と虫

以上見てきたような日本人の「虫」観の根底には、まず、森羅万象に超自然的な存在の意思を汲み取る、古代からのアニミズム的世界観が影響を与えていよう。さらに仏教伝来以降は、輪廻転生思想により虫と人との存在価値を転換可能なものとする考え方が普及した。すなわち、人の前世や来世が虫である可能性を踏まえた生命観の浸透である。今日でも、葬式の前後に飛来する虫を死者の魂と見なす考え方は残っている。また、観察可能な虫の一生の短さは、万物の流転を説く無常観とも合致する。明欽《みょうきん》という僧は、蝉（エゾハルゼミ）の鳴き声を「明欽、明欽、死ね死ね！」と聞きなし、悟りを開いたという。このエピソードで聞きなしの対象となったのが、命の短い存在として認識されていた蝉の声であるという点は重要な意味を持っている。

ゲンジボタル・ヘイケボタルという名は源平を

想起させるが、より直接的に、蛍の集団交尾を「蛍合戦」と呼ぶこともある。甲虫の姿を武具甲冑に見立てたカブトムシ・クワガタムシの名も、盛者必衰の戦国の世を思わせるネーミングである。このように、アニミズムや仏教の教えを基礎とした日本人の生命観や世界認識には、虫の存在が深く関わっているのである。誤解を恐れずに言えば、異邦人である小泉八雲にとっての日本人は、観察対象としての虫にほかならなかった。怪談奇談の宝庫である日本は、虫のように小さく勤勉な人びとが、さらに小さな虫を眺めて暮らす異郷だったのである。そして八雲自身もまた、新天地を探して生国を飛び立ち、見知らぬ日本という地に身を埋めることになる一寸の虫に過ぎなかった。

　虫は、はかなくも美しい魂を持つ、小さき異形の隣人である。その、虫という他者を見つめるまなざしのなかにこそ、自然界から何かを学び取ろうという人間の知性が宿っている。

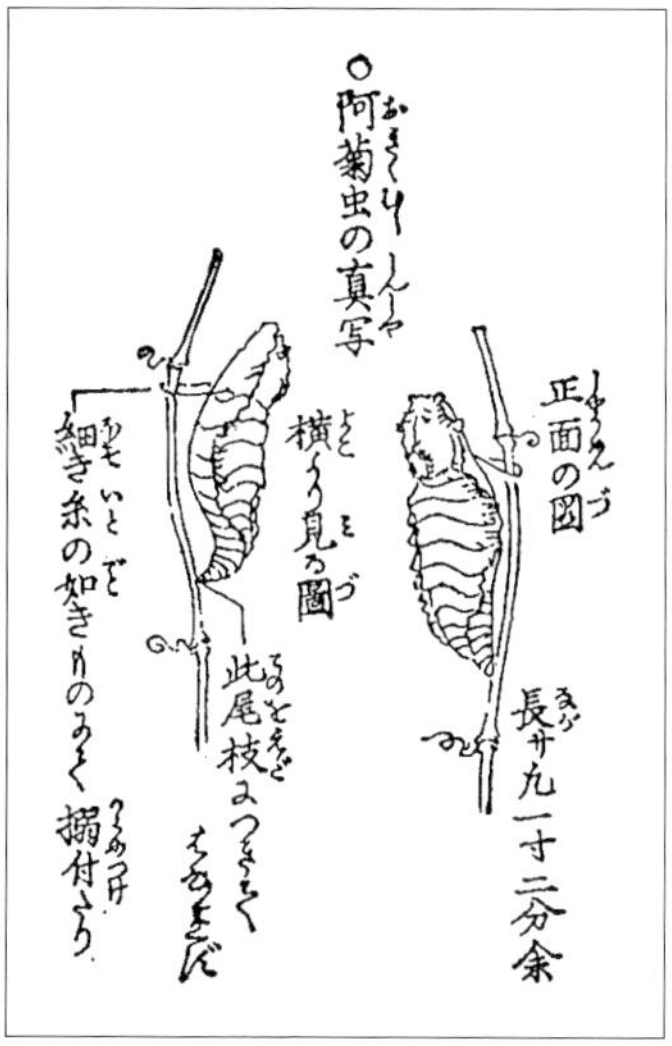

図６　お菊虫の写生図　暁鐘成『雲錦随筆』（出典：『日本随筆大成』第一期第三巻、吉川弘文館、1975年）

皿屋敷で有名な女中、お菊の怨念が変じたという。

参考文献

今井秀和　２００９「お菊虫伝承の成立と伝播」小松和彦編『妖怪文化研究の最前線』せりか書房
小西正泰　１９７７『虫の文化誌』朝日新聞社
錦三郎　２００５『飛行蜘蛛』笠間書院

第 4 話

流星と日本人

流れ星のイメージ

渡辺美和
Yoshikazu WATANABE（つくし資源コンサル）

写真1　10月のりゅう座流星群　写真提供：石原正和

はじめに

流星とは、太陽系空間を私たちの地球と同様に運動する微小天体である。流れ星ともいう。流星として私たちが目にする微小天体の大きさは数ミリメートル以下、せいぜい数グラムである。この微小天体が地球と遭遇し、大気圏で大気分子と衝突することにより、そのエネルギーが光となって目に見える現象が流れ星である。高さ80キロメートルほどで光り始め、多くは大気圏で消滅する。流れ星は、ある数夜のみ、ある一点から放射して見えるグループとして活動する流星群に属する流れ星と、それ以外の、散在流星と呼ばれる流れ星に分類できる。写真1は、1972年に話題を集めたまぼろしの流星群の流星である。六等星の星まで見える空の下では1時間に数個の流星を見ることができる。

流れ星は身近な現象であった。平安時代の『和《わ》名抄《みょうしょう》』という辞書には「よばひ星」として採録されている。清《せい》少納言《しょうなごん》の『枕草子《まくらのそうし》』にも、すばる（プレアデス）や彦星と並んで「よばひぼし少しおかし」と登場する。よばい星とは、夜這う星の意である。史料に残る記述で多いのは「光もの」という名称で記録されている大流星だ。

図1　描かれた流星雨　木内家蔵

流れ星を中心に記録された文献があるわけではなく、流れ星の記述は多くの史料のなかに埋もれて存在している（図1）。

流れ星のイメージ

過去から現代に至る記録に残っている流れ星のイメージは、以下の4つに類型化できる。

① 速さ、格好良さの象徴
② 気象現象を占うもの
③「三度の願い事」のような希望とその対象
④ 災難や死などの暗示

このほか、特にその背景に大きな意味を持っていない単なる（自然）現象との見方も多い。

江戸時代の記録を振り返ると、凶兆感や信仰などと無関係の、単に珍しい現象としての記録も多い。芸能や伝説に残る例を見ると、「よばいぼし」と記述されている日常的な流れ星については、「特に何らかの作用を与えるものではない」とする単なる記録や、「良い事」という見方も多い。たとえば、歌舞伎「助六」の台詞にも「よばい星」の登場する場面があるが、特にそこに大きな意味が付加されているわけではない。夜空の描写の一部としてのみ語られている。

金沢市に残る『変異記』という文献には1745年6月27日（延享2年5月28日）に見られた大流星について次のような記述がある。

「延享二年五月廿八日（現在の時刻で22時頃）、犀川の橋小屋の方角から野田山の方角へ、丸く大きさ三四間ほどの大きさで、柄杓の柄のような尾を引いた光物が見えた。一方の橋の番人がこれを見つけ、もう一方の番人へ呼びかけたところへ、盗賊改役人の手合の足軽が行きかい、橋の番人に『このようなものは時々見えるのか』と尋ねたところ、『初めてです』と答えたとのことだ」

足軽が橋番人に尋ねている点など臨場感が伝わる。ここには素朴な自然観察も見られるが、不吉感をうかがうことはできない。

流れ星のイメージの背景

先の4類型の落差は大きい。

「速さ、格好良さの象徴」としての流れ星のイメージは、かなり現代的なものと思われ、その背景も推測が可能だ。身近な、速さをもつもののシンボライズである。多くは汽車や飛行機の登場とともにその愛称として始まり、速さ、美しさ、瞬間性、はかなさ、唐突性、希少性などが付加されイメージを形成してきた。特に、2001年11月のしし座流星群の流星大出現を多くの日本人が実際に目撃して以来、「ロマンチック」というイメージと重なってメディアにも頻出している。

気象との関係は経験則がベースになっている。これらは『重宝記』、『雑書』などの、いわば実用事典の形で、暦の参考書として各地に伝わってきた。たとえば、江戸時代の雑書にも流れ星の記述があり、「流星東より西へとぶは翌日雨あり」などと記されている。

願えば希望がかなうという口碑も多い。流れ星は吉兆と願いの対象という見方だ。

山形県に「星の夢占い」という民話がある。とある長者の家で、娘婿三人が初夢について語り合う話だ。長女の婿、次女の婿が、それぞれ、暮の明星、月と星の接近の夢を見たことを話す。これに対して末娘の婿は、催促されても語らず、帰路、その末娘に打ち明ける。「実は、よばい星（流れ星）に乗った夢を見たんだ。」これを聞いた末娘は、「私は昨日身ごもったみたい。いい夢は人に言っちゃいけないね。」

ここの流れ星には凶兆感はない。

「三度の願い事」についてはここでは論考を省くが、明治時代以降にもたらされたキリスト教の体系のなかの「煉獄の魂の救済」との関係が深いと思われる。

さて、伝統的な流れ星のイメージは④の「災難や死などの暗示」である。民間信仰としての背景や要素の、時間軸に従った過程は図2のように体系化できる。

流れ星に限らず、日本人の天文現象の解釈に関わる背景は、中国伝来の「天人相関」に基づく「天文の異常はその下にある人間世界の為政者と人びとへの知らしめ」と括られる場合が多い。確かにこのような異常な現象に対して為政者が天を畏《おそ》れ対応をとったことも垣間見られ、これと繋がりをもつ「災難や死」などを暗示する記録も多い。また、災難が生じたときや、非日常的な大流星や流星雨が見られた場合など、ふと、不吉感が頭をもたげることもあったのであろう。

江戸時代の末期の1862年（文久2）7月（旧暦）のペルセウス座流星群に関する流星雨の目撃記録は各地に数多く残っている。この頃麻疹《ましん》（はしか）が全国で流行し、加えて彗星も見られたことで、凶兆感を伴った記録が多い。

たとえば、静岡県田方《たがた》郡函南《かんなみ》町の森家年代記には次のような記述がある。この文章の前後に麻疹の流行が語られ、流星が雨のように見られた現象

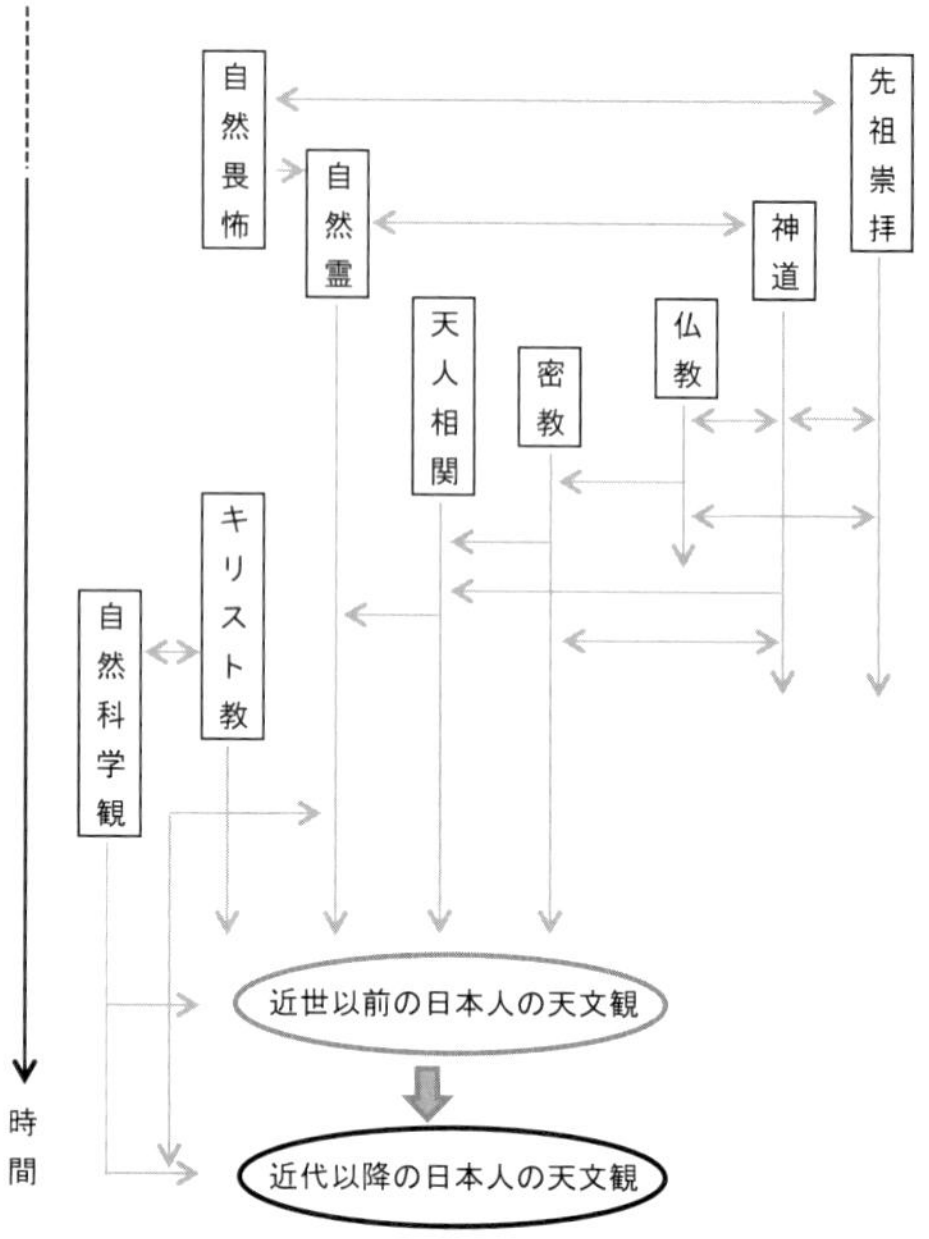

図2

と麻疹が関連づけられている。

「七月十五日夜星数多飛申候、雲目に三四十程飛候誠にふしぎ成かな、又同下旬ヨリ八月上旬まで少し五光（注：後光の意）之ほうき星戌亥の間ニ出申候」

兵庫県浜坂の大流星碑

兵庫県美方郡の新温泉町に、浜坂という山陰本線の駅がある。この旧浜坂町の街道沿いに大きな石碑（写真2）があり、この石碑には大流星のもたらした神の暗示が示されている。

最上部には一行一字の縦書きで「至誠如神」（写真3）、その下に18行に渡り３４０余字が刻まれている。１８０６年（文化3年）に目撃された大流星と、それが暗示していた漁船遭難について、その概要と建立の意図が記されている。

「文化三年九月七日の暁、大流星が南から北に向かって飛んだ。これが意味するところを知らなかった付近の浦々では、海の状態もよく見え沖まで漁に出た。だが、天候は急変し、急ぎ戻ったものの、難破した船もあった。一方、浜坂の漁師たちは、漁の準備中にこれを見て、不思議な現象が現れる際には必ず海が荒れるものだとして、出漁することはなく、災難に遭遇しなかった。」

流れ星という現象が石碑に残っている珍しい例でもあり、当時、そして現代にも続く日本人の流れ星観を垣間見ることができる。ここで注目すべきは次のような文末の記述である。

「神さまは怪しいことや慎重にならざるを得ない時など、それなりに証しを示しているのである。これこそ神のさとしであったと（この浦の漁民は）神さまに慎みかしこんで、このような災いが再び生じないように、この浦のみならずすべての漁民のために、文化八年に至り、石に刻んで永久に伝えようとするものである。」（現代語訳は筆者による）

写真２　浜坂大流星碑

写真３　浜坂大流星碑部分

碑文を通じて感じられるのは天人相関の考え方より、もっと泥臭いものである。「天」という言葉が登場していないこと、神のご託宣という素朴な信仰が背景を構成しているように見えることでそれがうかがえる。ここで述べられている神は、たたり神や顕彰の神ではない。また、祖先崇拝の神でもない。言い換えれば「海の神」としての自然神である。

碑文に「さとし」という語が出ていることから、神との交感が現象の出現も含めて三段階を経ているように見える。すなわち

怪しいことの出現（あかし）→ 神によるお告げ（さとし）→ そのお告げの解釈

逆説的になるが、こうして見ると、「あかし」は大流星である必要はないのである。この事件もたまたまきっかけが大流星であっただけだ。しか

写真４　静岡県沼津市の大瀬神社の祭礼船

し、この「あかし」には非日常性が要求される。日常的な普通の流れ星では「あかし」にはなりえないのである。民間信仰上、どのような過程を経てこの形にたどり着いたのか、はたまた、この形が連綿と続いていたか否かは判定できない。だが、浜坂の石碑は、過去の自然信仰の様子を伝えてくれている。

海に関する民間信仰は複雑である。航海に関わる住吉神のような全国的な広がりを持たなくとも、近海に立脚した漁業は地域の海の神にすがっていた。いうまでもなく、海に生業を求めることは大きな危険を伴っていた。今でもあながち誇張とは受け止められていない「板子一枚下は地獄」という言葉が、それを物語っている。海は天候によってその牙をむく。逆に海が風や雲を生むことも経験的に知られてきたことであろう。

日本の各地に地域の海の神がいる。湾や出漁範囲ごとに地域の海の神があり、各地で祭られてきた（写真４）。それは一方で豊饒の祈りであり、一方で安全の神であった。神を祀る神社が主な依り代であるが、漂着物や石、そして漁具なども依り代としての側面を見せていることが各地で共通している。霊魂をも想像させる自然現象である大流星も、こうして依代とされたのかもしれない。あるいは、流れ星と気象との関連もそれを助けたのであろう。

闇や静寂の記憶

ここ数十年間で私たちが急速に失った感覚に「闇」と「静寂」がある。本来の夜の闇が感じられた頃、流れ星は決して珍しいものではなく、日常的な現象であった。そして静寂でないこと、たとえば音を伴う大きな流れ星などは、記録に値する「非日常」の現象であった。非日常の現象は不思議な自然を思いおこさせ、畏敬の念を呼び起こさせるに十分であったのである。

そんな記憶を失って私たちは久しい。だが、「お日さま」、「お月さま」、「お星さま」のように天体に軽い敬称をつけることに今の私たちも違和感を抱いていない。星との共生、そして流れ星への思いは今も続いているのである。

参考文献

池上廣正　１９９１『宗教民俗学の研究』名著出版会
内田武志　１９４９『日本星座方言資料』日本常民文化研究所
大崎正次編　１９９４『近世日本天文史料』原書房
神田茂編　１９３５、１９７８復刻『日本天文史料』原書房
信清由美子・渡辺美和　２００２「日本の近世の流星雨の絵」東亜天文学会『天界』Vol.84,No933
宮田登　１９９６『民族神道論』春秋社
吉成直樹　１９９６『俗信のコスモロジー』白水社
渡辺美和・長沢工　２０００『流れ星の文化誌』成山堂書店
渡辺美和編　２００７『続近世日本天文史料』（私家版）

撮影（写真２～４）：筆者

コラム

下甑島《しもこしきじま》における人間界と異界のつながり

来訪神行事「トシドン」

マイケル・ディラン・フォスター Michael Dylan Foster（インディアナ大学）

写真１　家に入り込む港地区のトシドン

「トシドン」を追って

私は２０１３年12月末から２０１４年の始めまで、鹿児島県の下甑島を訪ねた。この島を訪れるのは初めてではなく、「トシドン」という大晦日の行事の研究のために私は何回か調査で訪れており、２０１２年には5カ月ほど住んでいたこともある。島の生活にはおおむね慣れているとはいうものの、訪れるたびに新しいことに気がつく。今回は「人と自然」をテーマに、島の住民とその自然環境との関係を考察した。特に、私が長年研究してきたトシドンは自然とどう関わっているのかについて調べた。

写真２　大きな年餅を背中でもらう子ども

子どもの教育やしつけのための儀礼

「甑島のトシドン」は日本の民俗学者によって「来訪神行事」の一つとして分類され、２００９年にユネスコの「人類の無形文化遺産の代表一覧」に記載された。

「トシドン」は生きている行事として、毎年様子が多少変わるのだが、住民の説明では、現在、この行事は子どもの教育やしつけのための儀礼として行われている。教育やしつけを目的に、トシドン様は「年の晩」に天上界から降り、首切れ馬に乗って、一軒一軒を訪れるのである。地区によってやり方が異なるが、トシドンはおよそ5、6匹の集団で各家に入り、そこに住んでいる子どもたちを怖がらせ、彼らの過去一年の悪い行いについて叱る一方、長所を褒めることもする。そして、良い子になる約束をさせたうえ、大きな年餅を与えてから家を去る。15分ぐらいで終わってしまう短い行事でありながら、

写真３　見られている

子どもたちや家族にとっては非常にインパクトのある、異界と接触する経験であるといえよう。

ここで注目したいのはまさにこの接触することである。というのはトシドンの存在とはこの世界（この島）と別の世界が同時にあるということを大前提としており、大晦日だけにその別世界、あるいは異界にいるものがこの世を訪ねるということである。

島のある地区では、その異界は具体的に「天上界」として説明されている。トシドン様は一年中、天上界から子どもたちを見張っているため、悪いことをする子どもは、「トシドン様が見ているよ！」と叱られることもある（その叱り方はトシドンの訪れる前後には特に効き目があると親は言う）。トシドンが実際に子どもらを見張り、見守っているということは子どもたちにとって真実であるようだ。私が会った6歳の女の子は、マッチ遊びをした友達がトシドンに叱られたといい、

「誰もいなくても、トシドン様は見ているんだよ！」と教えてくれた。

人間とトシドンをつなぐ自然

今回島を訪れたとき、特に注目したのは人間の世界とトシドンの天上界とのつながりで、それは「自然」そのものである。たとえば、麓という地区では集落の後ろに勝山という山（標高約３０９メートル）があり、トシドンは大晦日に天上界から勝山に降り立ち麓にくるといわれている。その勝山が麓のあらゆる所から見えるということは、確かに偶然ではなく、それはトシドンの大晦日における降臨を常に思い起こさせるものであり、監視を思い起こさせるものでもある。この山はトシドンが住んでいる異界とのつながりの象徴である。勝山は集落から少々離れているので、人間はあまり入らないような空間である。住民によると、今は登り道がないという。

麓地区以外にも似たような人間と神のつながりを象徴するような自然の場所がある。たとえば、港という地区の湾の入り口には「ウマノイ瀬」という岩があり、この地区ではそこにトシドンが降りて来ると言われることもあり、また、トシドンは高い木や石に降りてくるとも言われる。このように自然の地理学的な特徴が異界とのつながりを果たすことにより、山、木、石などが島の行事、あるいは人間の文化に特別な意味をもつことになる。

山などがトシドン行事のなかで重要な役割を果たすという、一見当たり前のように見えることを再考することにより、自然が人間との関係のなかで、人と神を結ぶ媒介としての機能を果たしていることがより明白になる。下甑島においてだけではなく、さまざまな場所で、自然が人間界と異界の間をつなぐ重要な接点であることは間違いない。このような構造、また、住民がそのような自然に対してどのような意味づけをしているのかについて、より理論的に捉え、研究を続けていきたい。

写真４　勝山

写真提供（すべて）：筆者

あとがき

秋道智彌（総合地球環境学研究所・名誉教授）

『人と自然』の総集編となる本書の『五感／五環』が刊行された。平成22～26年度における人間文化研究機構の連携研究「自然と文化―日本およびアジアにおける人と自然の相互作用に関する総合的研究―コスモロジー・歴史・文化」では、研究連絡誌『人と自然』を発刊してきた。その総集編となる本書は、これまで取りあげた特集テーマや研究報告のなかから人の五感に関わる記事を中心として再録したものである。いくつかのものは新規に書き下ろし、充実を図った。

本書のタイトルにある「五感／五環」は、本書「はじめに」にもあるように、人間が五感を通じて環境を認知するという意味がこめられている。人の五感は、視覚、聴覚、触覚、味覚、嗅覚からなる。人が外界を認知するうえで五感が重要な役割を果たすことはいうまでもない。それぞれの感覚器官は人類が普遍的に兼ね備えたものであるが、いくつかの説明を要する論点がある。以下、4点にわけてこの問題を考えてみよう。

第一に、人間の五感はあらゆる動物と比較して絶対的に優位なものではないという前提を挙げることができる。ヒトが目で見ることのできる電磁波は可視光線とよばれ、その波長はほぼ360〜830nm（ナノメーター）にかぎられる。それより波長の短い紫外線と波長の長い赤外線は人の目にはみえない。しかし、昼行性の昆虫や鳥類のなかには、紫外線を感知できる種類がある。たとえば、モンシロチョウの羽はオスとメスとで紫外線の反射率が異なっており、交尾相手を認知できる。鳥類でも羽毛の班模様がオスだけにあり、繁殖期のディスプレイ用に使う種がある。猛禽類のチョウゲンボウはげっ歯類の残した尿の痕跡が紫外線を反射するので空から獲物を探すことができる。羽の班や尿の痕跡は人の目には見えない。一方、マムシ、ハブ、ニシキヘビなどの夜行性のヘビは一般に視覚が弱いとされるが、赤外線を感知できるピット器官を通じて獲物を探すことができる。ピットは温度を感じることができる器官でもある。

人には赤外線は見えないが、国際空港などで人間の体温を測定するサーモグラフのような赤外線感知装置を導入し、昨今はやったエボラ出血熱感染症の早期発見に資する例があった。また、紫外線を皮膚や眼に極度に受けると皮膚ガンや白内障、黄斑変性症を引き起こす。地球全体として見ると、オゾン層の破壊が地球上に到達する紫外線量を増すことになっている点も見逃せない。人間と環境とは可視光線を超えた領域でも関わりのあることを銘記しておきたい。

第二に、人は五感を総動員して外界を認知するとして、あるがままの環境を認識しているのではないという点である。環境を表すドイツ語はウムゲーブングであり、ウムは「周囲」、ゲーブングは「与えられているもの」を指す。J・フォン・ユクスキュルは環境の概念で重要な点は身の回りのあるがままに存在する環境（ウムゲーブング）ではなく、それぞれの生き物が意味をあたえたものとして構築する世界、すなわちウムヴェルトこそが真の環境であり、すべての生き物が共通して認識している環境などは存在しないと指摘している。ヴェルトは「世界」を意味する。種を超えた普遍的な環境がないということだ。

第三は、五感を通じて表出された世界はたいへん多様であるという点である。人は世界を色眼鏡で見ているとの説明が文化人類学で使われることがあった。この場合の色眼鏡を広義の世界認識のありかたといいかえれば、文化こそが人間の有する多様な色眼鏡にほかならない。五感は人間に普遍的な能力であっても、認知される世界は地域や時代によってたいへん多様な表象として顕在化するといえるだろう。先述したウムヴェルトの概念は五感の世界においても多様な現象として理解できる。虫の声を聞いて美しい秋の風情を演出する効果音と考える日本人と、雑音としか考えない一部の西欧人のちがいは聴覚能力に関する人種差ではなく、文化や地域、歴史的な聴覚反応の差異に基づいている。人間の対面行動については「しぐさ」やノン・バーバルコミュニケーションの研究として行われてきた。友愛や尊敬の表現としての抱擁や握手、感情表現におけるさまざまなしぐさとその意味について、われわれはごく日常的に観察し、体験している。だがその意味づけについては異文化間であらゆる齟齬や誤解のもととなる。五感によって認知される世界は世界共通であるとの幻想は捨てさるほうがよい。本書のなかで取り上げられている諸事例は、五感に関する文化の豊かな多様性を提示している。

第四は五感が相互に作用しあって、感知された環境の情報が人間の内部でさまざまな変化を創成することである。たとえば、いい音楽を聞きながら、一流の食器に盛られた料理を恋人と食するさい、五感が総動員されてその場が進む。味覚についても、旨いものを塩分、脂質、糖分、アミノ酸のように美味さの成分を還元主義的に取り上げたとしても旨さを実感することにはならない。料理は総合的な出来ばえがいのちであり、全体として美味しく感じるといえる。五感の統合こそが肝要なのだ。また、日本のように四季の明瞭な国と砂漠やツンドラ地帯とでは時間や季節の変化が五感でどのように違って認知されているのだろうか。この点を考えれば、自然認識に果たす五感の役割分担が想定できる。

本書では五感にくわえて、第六感を取り上げた。直観、インスピレーション、胸騒ぎなどの用語で語られる感性を非科学的とみなす人もいるが、なんらかの情報が基盤となっていることはあきらかである。異常気象や天変地異について、環境の発する情報を把握するさいに個人は五感とともに第六感を総動員する。予知能力は動物にもあり、第六感の研究は今後の課題だ。

人と自然に関するテーマはすぐれて人文社会学的な分野に属するといえよう。人間文化研究機構には哲学、歴史学、民俗学、人類学、思想、国文学などの研究者集団が所属しており、本テーマに協同作業を通じて挑戦するに適した場であるとの思いを強くする。今後ともに日本のみならずアジアさらには世界における人と自然に関する研究が進展することを願ってやまない。

最後に、本プロジェクトに関わった多くの研究者やサポートしていただいた職員、研究員の皆様、特に編集実務に尽力していただいたエマニュエル・マレス氏と嶋田奈穂子氏に、心からお礼を申し述べたい。

◎初出一覧

以下は人間文化研究機構発行の連携研究「自然と文化」研究連絡誌『人と自然』に掲載された原稿に加筆修正等を加えたものである。掲載時の号数と刊行年月を記す。

【第Ⅰ部】第1話（白幡洋三郎） 第6号 2013年10月
第2話（中野孝教） 第5号 2013年3月
第3話（北尾浩一） 第4号 2012年11月
コラム（中牧弘允） 第4号 2012年11月
コラム（窪田順平） 第5号 2013年3月

【第Ⅱ部】第1話（大西拓一郎） 第1号 2011年3月
第3話（中井精一） 第2号 2011年11月
第4話（小野正弘） 第2号 2011年11月
コラム（窪薗晴夫） 第2号 2011年11月
コラム（鳥越けい子） 第2号 2011年11月

【第Ⅲ部】第2話（吉野正敏） 第8号 2014年11月
第3話（安室知） 第8号 2014年11月

【第Ⅳ部】第1話（秋道智彌） 第1号 2011年3月
第3話（野中健一） 第3号 2012年3月

【第Ⅴ部】第1話（木部暢子） 第7号 2014年3月
第2話（髙林純示） 第7号 2014年3月
第3話（坪内稔典） 第7号 2014年3月
コラム（阿部健一） 第7号 2014年3月

【第Ⅵ部】第2話（関沢まゆみ） 第1号 2011年3月
第3話（今井秀和） 第3号 2012年3月
第4話（渡辺美和） 第4号 2012年11月
コラム（マイケル・ディラン・フォスター） 第8号 2014年11月

◎執筆者一覧

五十音順。［　］内に執筆箇所を示した。

秋道　智彌（あきみち　ともや）
1946年生まれ。総合地球環境学研究所名誉教授。専門は生態人類学。主な著書に『海に生きる――海人の民族学』、『コモンズの地球史』、『漁撈の民族誌』、『クジラは誰のものか』など。
［Ⅳ-1、あとがき］

阿部　健一（あべ　けんいち）▼監修者
1958年生まれ。総合地球環境学研究所教授。専門は環境人類学、相関地球研究。主な著書に『生物多様性　子どもたちにどう伝えるか』（編著）、Good Earths: Regional and Historical Insight into China's Environment（共著）など。
［はじめに、Ⅴ-コラム］

今井　秀和（いまい　ひでかず）
1979年生まれ。大東文化大学非常勤講師・蓮花寺佛教研究所研究員。博士（文学）。専門は日本近世文学、民俗学、比較文化論。共著に『ニッポンの河童の正体』、『妖怪文化の伝統と創造』など。
［Ⅵ-3］

大西　拓一郎（おおにし　たくいちろう）
1963年生まれ。国立国語研究所教授。専門は方言学、言語地理学。主な著書に『現代方言の世界』、『方言学の技法』（共著）、『方言地理学の課題』（共著）など。
［Ⅱ-1］

小野　正弘（おの　まさひろ）
1958年生まれ。明治大学文学部教授。専門は国語史（語彙・文字）。主な著書に『オノマトペがあるから日本語は楽しい――擬音語・擬態語の豊かな世界』、『日本語オノマトペ辞典』（編著）など。
［Ⅱ-4］

郭　南燕（かく　なんえん）
1962年生まれ。国際日本文化研究センター准教授。主な著書に『Refining Nature in Modern Japanese Literature: The Life and Art of Shiga Naoya』、『バイリンガルな日本語文学：多言語多文化のあいだ』（編著）、『Japan's Wartime Medical Atrocities: Comparative inquiries in science, history, and ethics』（共編）、『小笠原諸島：アジア太平洋からみた環境文化』（共編）など。
［Ⅱ-2］

北尾　浩一（きたお　こういち）
1953年生まれ。中之島科学研究所研究員、星の伝承研究室主宰。専門は天文民俗学、天文教育、社会教育。主な著書に『星の語り部　天文民俗学の課題』、『Star Lore of Japan: The Starscape ofa People 』、『天文民俗学序説　星・人・暮らし』など。
［Ⅰ-3］

木部　暢子（きべ　のぶこ）
1955年生まれ。国立国語研究所教授・副所長。専門は日本語方言学、アクセント論。主な著書に『西南部九州二型アクセントの研究』、『じゃって方言なおもしとか』、『鹿児島県のことば』（共著）、『方言の形成』（共著）、『方言学入門』（共著）など。［Ⅴ-1］

窪薗　晴夫（くぼぞの　はるお）
1957年生まれ。国立国語研究所教授。専門は言語学、音声学。主な著書に『日本語の音声』、『アクセントの法則』など。［Ⅱ-コラム］

窪田　順平（くぼた　じゅんぺい）
1957年生まれ。総合地球環境学研究所教授。専門は水文学。主な著書に『モノの越境と地球環境問題』（編著）『中央ユーラシア環境史（全4巻）』（監修）など。［Ⅰ-コラム］

嶋田　奈穂子（しまだ　なほこ）
1982年生まれ。京都大学東南アジア研究所連携研究員。専門は生活デザイン学。主な論文に「滋賀県野洲川流域における神社の立地特性に関する研究」など。［Ⅵ-1］

白幡　洋三郎（しらはた　ようざぶろう）
1949年生まれ。国際日本文化研究センター名誉教授。中部大学教授。専門は都市文化論、西洋の都市計画史。主な著書に『花見と桜〈日本的なるもの〉再考』、『庭園の美・造園の心 ヨーロッパと日本』、『彩色みやこ名勝図会――江戸時代の京都遊覧』、『庭を読み解く　京都の古寺　なぜ京都のお寺には名園が多いのか？』など。［Ⅰ-1、Ⅳ-2］

関沢　まゆみ（せきざわ　まゆみ）
1964年生まれ。国立歴史民俗博物館教授。専門は民俗学。主な著書に『宮座と墓制の歴史民俗』、『隠居と定年――老いの民俗学的考察』、『現代「女の一生」――人生儀礼から読み解く』、『戦争記憶論――忘却、変容そして継承』（編著）など。［Ⅵ-2］

関野　樹（せきの　たつき）
1969年生まれ、総合地球環境学研究所准教授。主な論文に「時間情報システム」（総合地球環境学研究所編『地球環境学マニュアル2』）など。［Ⅳ-コラム］

髙林　純示（たかばやし　じゅんじ）
1956年生まれ。京都大学生態学研究センター教授。専門は化学生態学、特に昆虫―植物間、植物―植物間の相互作用・情報ネットワークを研究。主な著書に『虫と草木のネットワーク』、『生きものたちのつづれ織り』（共著）、『寄生バチをめぐる三角関係』（共著）など。［Ⅴ-2］

坪内　稔典（つぼうち　としのり）
1944年生まれ。佛教大学教授・京都教育大学名誉教授。俳人・歌人。俳句グループ「船団の会」代表・歌誌「心の花」会員。ネンテンの愛称で親しまれている。専門は日本近代文学。主な著書に『正岡子規――言葉と生きる』、『坪内稔典句集』、『季語集』など。［Ⅴ-3］

鳥越　けい子（とりごえ　けいこ）
1955年生まれ。青山学院大学総合文化政策学部教授。専門はサウンドスケープ、音の環境文化学。主な著書に『サウンドスケープ――その思想と実践』、『サウンドスケープの詩学――フィールド篇』『世界の調律――サウンドスケープとはなにか』（共訳）など。［Ⅱ-コラム］

中井　精一（なかい　せいいち）
1962年生まれ。富山大学人文学部准教授。専門は日本語学、社会言語学。主な著書に『日本海総合研究プロジェクト研究報告1　日本海・東アジアの地中海』（共編著）、『南大東の人と自然』（共編著）など。［Ⅱ-3］

中野　孝教（なかの　たかのり）
１９５０年生まれ。総合地球環境学研究所教授。専門は資源地質学、同位体地球化学。おもな著書に『資源環境地質学――地球史と環境汚染を読む』（共編著）など。［Ⅰ-２］

中牧　弘允（なかまき　ひろちか）
１９４７年生まれ。吹田市立博物館館長。国立民族学博物館名誉教授。関連業績に『カレンダーから世界を見る』、「現代の暦文化」（岡田芳朗ほか編『暦の大事典』）など。［Ⅰ-コラム］

野中　健一（のなか　けんいち）
１９６４年生まれ。立教大学文学部教授。専門は地理学、生態人類学。主な著書に『民族昆虫学――昆虫食の自然誌』、『ヴィエンチャン平野の暮らし――天水田村の多様な環境利用』（編著）、『自然と人間の環境史』（共編）など。［Ⅳ-３］

広瀬　浩二郎（ひろせ　こうじろう）
１９６７年生まれ。国立民族学博物館准教授。専門は日本宗教史、触文化論。主な著書に『さわる文化への招待』、『さわっておどろく!』、『さわって楽しむ博物館』、『世界をさわる』など。［Ⅲ-１］

マイケル・ディラン・フォスター
(Michael Dylan Foster)
１９６５年生まれ。インディアナ大学准教授。専門は日本民俗学、文化研究。主な著書に「視覚的想像――『甑島のトシドン』における見る／見られる関係の一考察」（『日本民俗学』）、『Pandemonium and Parade』など。［Ⅵ-コラム］

安井　眞奈美（やすい　まなみ）
天理大学教授。専門は文化人類学、民俗学。出産、身体、怪異をテーマに日本とミクロネシアでフィールドワークを継続中。主な著書に『怪異と身体の民俗学――異界から出産と子育てを問い直す』など。［Ⅲ-コラム］

安室　知（やすむろ　さとる）
１９５９年生まれ。神奈川大学大学院歴史民俗資料学研究科教授、日本常民文化研究所所員。専門は、民俗学（生業論・環境論）、物質文化論。主な著書に『餅と日本人』、『水田漁撈の研究』、『日本民俗生業論』、『田んぼの不思議』など。［Ⅲ-３］

吉野　正敏（よしの　まさとし）
１９２８年生まれ。筑波大学名誉教授。理学博士。専攻は気候学・気象学・地理学。日本地理学会・日本沙漠学会の元会長・名誉会員。日本気象学会・日本生気象学会名誉会員。国際地理学連合元副会長。著書・編書・論文多数。［Ⅲ-２］

渡辺　美和（わたなべ　よしかず）
１９５３年生まれ。東亜天文学会理事。専門は天文民俗、中国非鉄金属産業動向。主な論文に「１８８５年に日本で目撃されたアンドロメダ座の流星雨記録の発見」（共著）、「中国銅企業の動向――銅陵有色と江西銅業」など。著書に『流れ星の文化誌』（共著）など。［Ⅵ-４］

地球研叢書
五感／五環——文化が生まれるとき
2015年3月31日　初版第1刷発行

監修者　阿部　健一
発行者　齊藤万壽子
発売所　株式会社　昭和堂
〒606-8224　京都市左京区北白川京大農学部前
振替口座　01060-5-9347
TEL（075）706-8818／FAX（075）706-8878

編集協力　見聞社／印刷　サンエムカラー

ISBN978-4-8122-1506-7
＊乱丁・落丁本はお取り替えいたします。
Printed in Japan